组织编写：北京大学招生办公室

顾　　问：孔庆东　孙东东　刘明利　初育国
　　　　　陈跃红　曹文轩　温儒敏
　　　　　（按姓氏笔画排序）

主　　编：秦春华
副 主 编：陈跃红　舒忠飞
　　　　　（按姓氏笔画排序）
编　　委：王亚章　刘同华　刘　坤　吴　可
　　　　　吴　蔚　陈跃红　林　莉　秦春华
　　　　　卿　婧　舒忠飞
　　　　　（按姓氏笔画排序）

学海导航系列

阅读他们的昨天
Hold住我们的未来

# 相约北大
—— 32位北大新生的成长手记

秦春华　主编

4

北京大学出版社
PEKING UNIVERSITY PRESS

图书在版编目（CIP）数据

相约北大.4：32位北大新生的成长手记/秦春华主编.—北京：北京大学出版社，2012.9

（学海导航系列）

ISBN 978-7-301-21172-4

Ⅰ.①相… Ⅱ.①秦… Ⅲ.①中学生—家庭教育—文集
Ⅳ.①G78-53

中国版本图书馆 CIP 数据核字（2012）第208174号

| | |
|---|---|
| 书　　　名： | 相约北大（4）——32位北大新生的成长手记 |
| 著作责任者： | 秦春华　主编 |
| 丛 书 策 划： | 姚成龙 |
| 责 任 编 辑： | 陈　薇 |
| 标 准 书 号： | ISBN 978-7-301-21172-4/G·3497 |
| 出　版　者： | 北京大学出版社 |
| 发　行　者： | 北京大学出版社 |
| 地　　　址： | 北京市海淀区成府路205号　100871 |
| 网　　　址： | http://www.pup.cn |
| 电 子 信 箱： | zyjy@pup.cn |
| 电　　　话： | 邮购部62752015　发行部62750672 |
| | 编辑部62754934　出版部62754962 |
| 印　刷　者： | 三河市博文印刷有限公司 |
| 发　行　者： | 北京大学出版社 |
| 经　销　者： | 新华书店 |
| | 650毫米×980毫米　1/16　16.5印张　220千字 |
| | 2012年9月第1版　2014年5月第2次印刷 |
| 定　　　价： | 35.00元 |

未经许可，不得以任何方式复制或抄袭本书之部分或全部内容。

版权所有，侵权必究

举报电话：(010) 62752024　电子信箱：fd@pup.pku.edu.cn

# 序言

　　北京大学创建于1898年，初名"京师大学堂"，是我国近代建立的第一所国立综合性大学。建校110多年来，北大为民族的独立与解放、国家的振兴与发展、社会的文明与进步作出了不可替代的贡献，在中国走向现代化和繁荣昌盛的进程中起到了先锋和骨干作用，这远远超出了它作为一所为社会培养人才的高等学府的有形存在，更成为中华民族争取民主自由和伟大复兴的象征，成为现代人文学者和科学家向往的精神家园，从而独具魅力。正如美国哈佛大学教授杜维明先生所说："作为文化中国的象征，其实北京大学早已成为了世界一流大学。因为世界上再也找不到任何一个国家的任何一所大学，能够像北京大学这样和国家、民族的命运结合得如此紧密、息息相关。北大对于中国的意义远远超过了哈佛之于美国、牛津与剑桥之于英国的意义。"

　　在中国的高校中，北大具有"老"与"大"两个特点。之所以说"老"，那是因为在中国，具有百多年历史的大学并不多，因此，人们常用"古老"来形容北京大学的历史；之所以说"大"，不在于校舍恢宏，而是学术气度广大，所谓"兼容并包，思想自由"之意也。历史悠久的"老"让我们足以心生骄傲，兼容并蓄的"大"也常让我们引以为荣。就是这样一所"老"学府，每年吸引着无数的青年才俊奋身投入燕园，求学于"一塔湖图"；就是这样一所

"大"学府,将今日的精英与明日的栋梁、今日的思考与明日的奉献,维系在了一起;就是这样一所"老"、"大"学府,将这些胸怀大志、肩负大任、孜孜求学、不倦探索的年轻学子,培育锻造成为"具有国际视野、在各行业起引领作用、具有创新精神和实践能力的高素质人才",他们道德高尚、学识渊博、体魄健全、意志坚定,具有良好的人文素养和科学精神。

一个多世纪以来,北大历经风雨,但爱国、进步、民主、科学的传统和勤奋、严谨、求实、创新的学风从未因时光的磨砺而褪色。今日的北大,迎来了中国快速发展的战略机遇期,也迎来了自身建设世界一流大学的重要发展期,"北大人"将满怀豪情,团结进取,积极探索,勇于创新,在学科建设、人才培养、科学研究、社会服务等各个方面取得更大的进展,向着建设世界一流大学的目标奋发努力。

亲爱的中学生朋友们,金秋九月,一段精彩的大学时光在等待着你。在这里,美丽的燕园将带给你广阔的人生舞台,光荣与梦想将力促你奋发前行,理想与责任将激励你勇于担当。在即将踏入燕园之际,希望你们能够刻苦学习,踏实做事,诚实做人,志存高远,胸怀祖国,力争做一个有理想、有责任、敢于担当的、光荣的"北大人"!

北京大学校长　周其凤

目 录

## 学习方法篇

**回望来时路** ·········································· 3

真理永远是朴素的，好的习惯无非就是上课时学会倾听，课后温故知新，学思结合。这么简明的道理人人都会明白，但能坚持下来的并不多，这需要一种心如止水全神贯注的心境，也需要一种锲而不舍金石可镂的毅力。

**我的求学经历之攻关** ································ 11

在高三的这一年里，我没有再痴迷于游戏，只是偶尔才玩一玩，从未沉迷其中。我把它当成了高三繁重学习生活中的一种减压方式而已，因为在游戏中，能忘记自我，暂时把繁重的学习放到脑后。

**高中祭** ············································ 18

波动没有什么大不了，历史就是波动式的前进，螺旋式的上升，而每个人也是一样。不要被波动搞得手足无措，要尽力摒除内心的无力感，在波动中前行，而不是在波动中停滞。

**写在大学前** ········································ 25

不要过分看重名校的牌子，我在这儿就吃过亏。也不要以为不在清华北大就没前途，钱学森是上海交大的，吴孟超是同济的，袁隆平是西南农大的，但他们绝对是中国人中最棒的。

## 飞向梦想 …………………………………………………… 29

起初我以为只有自己失眠,后来才发现原来大家都有,就连状元也难逃此状。幸好有位老师给了我一个很好的建议,让我每天晚饭后去散步三千米以上。这真的是一个不错的建议,不过见效的前提是一定要坚持。

## 积极参与学生活动,让高中生活更精彩 ……………… 35

我们要在行动上学习儒家的担当——"是不可以不弘毅"是何等的慷慨,"知其不可而为之"又是何等的悲壮。同时我们又要在思想上学习道家的超脱——"缘督以为经,可以保身,可以全生",顺随自然,不强求结果。

## 我的高中路 …………………………………………………… 43

每个人都是世界上独一无二的个体,因此,适合每个人的方法也就不会相同。我相信,只有我们自己才能真正发现适合自己的路。我从不相信盲从能带来完美的结果,何况什么是适合自己的是早晚要弄清楚的事情。

## 心态 …………………………………………………………… 49

适当的压力是必需的。在外界压力很小的时候,我们就需要给自己一些压力,让自己保持积极向上的精神状态,保持住心中的紧迫感。而当感觉到外界已经带来了很大的压力,那我们就要给自己放放假,让自己的心灵稍微轻松一下,这样才能更好地乐观面对生活。

## 战略加态度 为梦想插上翅膀 ………………………… 57

很多人把高考比做一场没有硝烟的战争,有所不同的是你既是运筹帷幄的大将军又是冲锋陷阵的小兵,因为这毕竟是你的战斗。

## 一步一步,走向云端 ………………………………………… 61

学习是一次独立的行动,需要探索,琢磨,积极应战,顽强应战。艰辛由你独自承担,胜利,也由你独自争取。

## 回首高中
## ——忆往昔峥嵘岁月 ……………………………………… 69

在高三最后的冲刺阶段,要保持对自己的信心,始终坚信自己一定能行。天道酬勤，相信只要有了付出，一定会有回报的。

**点滴** ·············································································· 79

如果有人问我："你觉得自己的同学是对手还是朋友？"我肯定回答是朋友。因为我觉得每个人真正的对手应该是自己。

**目标：成为"北大人"** ················································· 83

每一个"北大人"都拥有着独一无二的人生轨迹。但毫无疑问的是，他们都有这样的共同点：独立思考，充满个性。

**高三启示录** ···································································· 90

很多人认为高三是痛苦的，然而，当我经历了高三后，我意识到，奋斗才是高三的主题。高三不是对我们的折磨，而是让我们不再平庸！

**梦圆北大经验谈** ························································· 101

准备竞赛，坚持和毅力是关键，一定要努力克服内心的浮躁。一旦决定参与竞赛，学习的负担一定会大大加重，也一定会面对竞赛的不确定性和失利的风险。

## 成长感悟篇

**我的奋斗……高三版** ················································· 111

所以还是希望看到这些字的人能对高考有一个正确的认识。去体会过程吧，体会过程中自我的成长，这个也许比高考本身更有价值。

**草木情结** ······································································ 120

其实，花生落果也需要勇气。

为了这一颗颗的花生，她付出的远比别的植物多，而到了可以沾沾自喜的时候，她却以一种把果实推入地下的沉默处之。

**高三，学会优雅从容** ················································· 127

这一年我学会最多的就是，永远不要把成绩当成太过重要的事、当成生活中唯一的事。当然这并非说要对学习毫不在意，恰恰相反：因为我们一直足够努力，所以才会显得不再费力；因为我们已有余力，才会看见丰富纷繁的生活的最终意义。

## 十二年 …………………………………………… 134

> 时间持久地独自流淌，公平地给每个人每天二十四小时。未来的事物缤纷多彩，可是时间却只有那么多。在这些珍贵有限的时间中，我们吃饭，睡觉，游玩，聊天，唱歌，打闹，哭，笑，玩……还会有多少时间能让我们筹备应对未来？

## 四季故事 …………………………………………… 143

> 真正的自由，是去喜欢的地方做喜欢的事情。李白狂放，杜甫沉郁。不坚持做真实的自己，世上哪还有"蜀道难，难于上青天"的奇崛瑰丽，哪还有"安得广厦千万间"的旷野呼告？只有湮没在历史长河中的蹩脚诗人，才去追随所谓"潮流"，所谓"热门"。写诗如此，为人也是如此。

## 大鸟何鸣，楚韵深矣 …………………………… 151

> 浮生苦短，青春无价。没有时间来勉强自己学不喜欢的东西，没有时间应付俗人俗事，斜觑金钱名利。我要苛刻而充满内涵地生活，把自己的理想写入北大的理想，把自己的灵魂融入北大的气韵与精神。

## 通向天堂的日子 …………………………………… 160

> 记住，这一年不是用来盯着状元的头衔一心争取出人头地，让别人佩服和赞扬的，而是用来不断提升和充实自己的。摒弃一切虚荣，一颗沉稳质朴的心才可以接近梦想。

## 当时只道是寻常 …………………………………… 168

> 从来没有勇气或闲暇对自己说些什么，甚至连日记都很少写过。但还是要感谢我是这样的勇敢，从未畏惧任何的苦难；感谢我是这样的自信，总是相信任何困难都有战胜的那一天；感谢我是这样热爱我的生活，让我身边的人能因为有我而快乐，让我知道我的价值所在。

## 向日葵的歌 ………………………………………… 176

> 有时觉得，一些观点太过功利化了。社会更多地强调成功，梦想却被淡化。也许不得不承认，对于我们的文明体系，成功才可以衡量梦想的价值，物质才可以定义精神的繁芜。可是成功和物质一旦被

# 目 录

狭义化，生命的境界便会流于平庸。

## 花开不败 ·················· 185
那冬日的暖阳，温柔而谦卑地悬挂在冬日的天空，那是生命的燃烧，是力量的迸发，仿佛全宇宙都被它深深地吸引。那一刻，我突然觉得，总有一个温暖的存在，是你活下去并且好好活着的理由。

## 我的乐章，刚刚开始 ·················· 193
如果一个人的成长太过顺利，如果一个人的成长没有经历挫折，那么，他在未来的路中很有可能过于高估自己导致心态失衡。而挫折，让我们知道自己的不足，让我们懂得自己永远需要不断努力，不断进取。

## 静水流深 ·················· 201
高三是，在粗砾风沙的田径场上看到"爱统练更爱锻炼"的标语而相视一笑，隔三差五地去生物教研组布满各类毛茸茸标本的小屋数卷子，晚上在自己房间学习时从窗帘的缝隙中瞥见对面中学的灯火通明……

## 蜕变 ·················· 208
夜空中闪烁的星星，是宇宙灵动清澈的眼睛。天文学，是一门综合了理学与美学的学科。

《银河铁道之夜》唯美的画面就像磁石一般将我紧紧吸引，坐在天文馆的放映厅，我除了惊叹，便只剩下一份梦想：一定要考上北大天文系。

## 梦想沉淀时光 ·················· 218
我想起我刚刚来到北京的日子，那时，又何曾不是没有一条熟悉的路，没有一个认识的人？但回首往事，那段时光虽然辛苦，却并不让我心酸。在人生的悠悠长路上，总有一些恐惧与陌生，是那些将恐惧变为亲切、将陌生变为熟悉的过程让我们在砥砺中不断成长。

## 十载等待，一度花开 ·················· 223
学校的宁静简单使我与其他同学一样难以感知社会，但同时在学校的学习使我们具备了面向社会的技能与品格。一直以来，我都注重兼顾学习知识与积累人生，因为成长并不该只是在某一方面。

## 有你的日子 …………………………………………… 230

对于我而言，梦想实现了，或许也意味着我失去了梦想，至少是暂时失去，因而心里会这样难过。或许这意味着又一次迷失方向。但我相信，很快会有新的梦想腾跃，为我带来新的光明。

## 高三：我来过 …………………………………………… 238

突然想到天安门广场上矗立的人民英雄纪念碑。我想说，高考是我们青春的纪念碑，一字一句，我们自己去勾勒。

## 墙里秋千墙外道（后记） ……………………………… 249

# 学习方法篇

姓　　名：王翘楚
录取院系：历史学系
毕业高中：哈尔滨市第三中学
获奖情况：高中阶段两次荣获全国中学生英语能力竞赛二等奖
　　　　　校辩论赛团体冠军
　　　　　小提琴演奏七级

# 回望来时路

### 童年篇

　　童年，应该是每个人最无忧无虑、自由自在的时光。一颗童心，纯净得白璧无瑕，青涩得有如小荷才露尖尖角。童年的人儿，脑里装满幻想，心里填满好奇，眼前应是怡红快绿，耳畔该是莺歌燕啼，跑着，跳着，唱着，闹着……

　　童年，是一切美好的开始，是一切兴趣萌芽的沃土！

　　童年里做什么？玩！

　　童年里，玩是天经地义。不仅要玩，还要玩得透彻，玩得过瘾，玩得花样繁多，层出不穷。而学习知识，只是众多玩法中妙趣横生、快意无穷的一个。

　　我听过许多孩子抱怨过学习的苦恼，他们觉得课堂时光对于他们是度日如年，每一秒都心猿意马、如坐针毡，自己看书味同嚼蜡，老师讲课催人入梦，只盼那下课铃快快鸣响，好享受课间十分钟短暂的欢愉。有这样感受的孩子无疑是不幸的，他们没能感受到学习知识的乐趣，正相反，他们在学校这个笼子里"苦苦挣扎"。

我觉得追根究底，他们痛苦的根源是玩耍时间太少。无论是什么事，无论它的吸引力多大，如果让小朋友日复一日年复一年只做这一件事，任何事都会失去光泽。学久生厌，玩久想学。那些厌烦学习的孩子如果能尽情地玩，回到课堂上，一定是另一种精气神，一定会觉得生活充满亮色，天天都新鲜，天天都精彩！

这些是我的亲身体会，童年如果变成了游戏的天堂，学习知识便会化作一种爱好。

我的童年过得十分潇洒，学业负担很轻，每天有大把的时间在外面尽情奔跑，呼朋唤友，房前楼后，小山上下，广阔的大地上到处有我欢腾的足迹、爽朗的欢笑，周围一切都显得那般生机盎然。

知识于我亦是如此。我从未觉得学习知识是个苦差事，识很多字，了解一些人物，大声吟诗，动脑筋解解算数题都很有趣，上课的时候，我专心听老师讲的每句话，后来我甚至能把语文老师讲的一课复述下来呢。

小学里过得最开心的是五年级，那时很多知识都已学完，每天上课只要完成规定的任务后，老师就奖励我们去外面玩，完成得越快越准，越能有更多时间玩。我那时上课特别专心，感觉效率也因此提高很多，做完每道题都激情澎湃，因为我又离玩近了一步。小学五年级比前几年变得更愿意上学，盼望着每日自由玩耍的时光。通过这个举措，我班同学的学习积极性都被调动起来了，成绩也稳步提高。

寓教于乐，尽情游戏，培养兴趣对小学生来说太重要了！

兴趣有了，便有了孕育一切才能的土壤，而良好的习惯当是让这方土壤肥沃饶美。小学时代，学习的知识量并不大，培养良好的学习习惯当是这一阶段的主题。

真理永远是朴素的，好的习惯无非就是上课时学会倾听，课后温故知新，学思结合。这么简明的道理人人都会明白，但能坚持下来的并不多，这需要一种心如止水全神贯注的心境，也需要一种锲而不舍金石可镂的毅力。所以有言说：古人成大事者，非有超世之材，必有坚忍不拔之志。我觉得多读书是怡情冶性锻炼毅力的好方法，阅读书籍时必须心无旁骛才能读下去，而静下心来读书，不理会外界的纷扰与精彩，也需要坚定的定力。

有人说，一个月连续做一件事就会养成一种习惯，用一个月的时间连续读书，连续认真地听课，完成作业，就真的会有质变发生，就真的在潜移默化中塑造了优秀的品质。小学时代，背诵美文华章也是助人成长、增长学识的好方法，小学时，接触到的事情较少，所以，一旦接触往往印象深刻，而且大量的背诵可以迅速启迪心智，让人变得博闻强记。我上小学时就背诵了很多著名诗词，其中很多是后来中高考要求背诵的篇目，不但在后来的学习中轻松了不少，而且文化素养也得到提升。

因此对于小学时的学习，我觉得最重要的就是一个自由的空间。

在自由的空间里，尽情地玩，从而塑造健康的体格，这是获得一切成绩，享受一切幸福的基础。

在自由的空间里，快乐地学，从而培养勤勉好学的素质，这是走好学习之路，开拓壮阔人生的前提。

提到自由，不得不提现今横亘于许多学生生活中固如铜墙铁壁的一样东西——补习班。为了获得更好的成绩，许多家长寄希望于补习，甚至将其视为救命良药。可我的妈妈几乎未让我参加过任何补习班，她对补习班的态度可以说是轻视里夹带厌恶的，在这点上我很幸运。看到周围的同学都忙得热火朝天奔赴补习班，她也曾带我试听过，之后我便与补习再无交集。

她有她的想法，她厌恶补习班主要有三点原因。第一，妈妈觉得通过补习不一定能实现优化成绩的愿望。她认为知识不是靠重复学习就能掌握的，而是应该一次完成。就像品尝一道菜，不是多吃几次就一定能深晓其中的美味，而是吃第一次时就要慢慢用心尝，仔细感受，探索潜藏其中的奥秘，才能真正亲身咂摸出本来的滋味。学习应是主动领悟的过程，硬往学生脑里一次次塞是不理智的。第二，妈妈觉得去补习班上课会在路途上浪费很多宝贵时间，让本已很辛苦的孩子变得更疲惫，那样久而久之，孩子会真的失去学习热情，与其路上受罪，不如把这些路上浪费的时光好好利用，看几本好书，跑跑跳跳都有意义。第三，补习班费用一般不低，为何不珍惜学校廉价实惠的教育资源系统学习，而非把钱砸在那时间零零碎碎、学生水平高低不齐、教室环境拥挤不堪、价格不菲的补习上呢？

就这样，我在妈妈开明的教育理念下逃离了补习班的魔掌，快乐又认真地在学校学习，最后以双科满分的成绩顺利升入了初中。

## 青少年篇

青春的美好仿佛悦耳的铃声在新生活中鸣响，而各种成长的、学习的烦恼也悄无声息地来叩门……

以下各种苦恼可能你我都曾遇到过，我想谈谈如何看待及化解。

一、学习兴趣不足

进入中学后，学习的科目增多，考试也层出不穷，有些科目不感兴趣，不怎么用心学，成绩也越来越糟，对这科的厌恶也越来越深……

我觉得唯一应该选择的态度就是不要逃避。科目多，不可能一开始都有兴趣，耐下心来学习，权当锻炼毅力，兴趣是培养出来的。我和很多朋友都有一个共识：某科成绩越好，就越想多投入精力学习。因为一个优秀的成绩是可以给自己带来成就感与自信的，于是生发出更多热情去学，所以，如果自己目前某科成绩不好，一定要想办法改变颓势，些许的进步也会带来巨大的态度、兴趣改变。

二、虽然做了很多题，但成绩不佳

我觉得做一件事要讲究一个条理性，将合理的顺序颠倒得到的一定不是预期的效果。这种苦恼我觉得根源之一，可能是做题前基础知识尚未弄清就忙着做题。学理科一定是先弄清公式、原理后再做题巩固，学文则是先牢牢背诵下来史实、原理后再用其解题，做题是了解知识后的升华，而不是边做边记忆的工具。

另一种根源是盲目做了很多题，却没时间深入思考一下各样试题浮华外表下的本质。千万不要把自己陷入做题的漩涡中不能自拔，不要奔忙于完成任务，不要追求做题的数量。因为"思想需要经验的积累，灵感需要感受的沉淀，最细致的体验需要做宁静透彻的观照"，奔忙中经验积累，还是沉淀宁静中观照呢？让自己慢下来！片刻的闲暇确实是见证本质、促成顿悟的有机土壤，不可或缺。

我一般用在总结的时间会比做题多很多，我会理清楚整个思考的过程，然后特别标注当初最不顺畅的地方，可以弄个改错本之类的东西记录下来，反正不管怎样，一定达到提醒自己的作用。

### 三、每天学习任务很多，忙不过来

你可能会发现，我们每天面临的事情差不多，但有些人似乎永远在忙，有些人却悠哉游戏。回头一看，永远在忙的人有时候还难免挂一漏万，悠哉游戏的人反而该做的都做了。二者差别在哪呢？关键在于是否会合理安排时间。

最近知道一个词"套裁效应"。套裁是一种服装裁剪工艺，在一块布料上裁制两件以上的服装时，需要做合理的安排，以尽量减少浪费材料。套裁效应是指在考虑问题时要学会统筹兼顾，恰当处理各种矛盾，以求得到最合理的收益。

我们就是要努力成为一个手艺高超的裁剪师。理清学业，先理清头脑，把任务分出轻重缓急、主次有序。把自己认识得清清楚楚，从而优劣得所，扬长避短。庞大的任务可以化整为零，细水长流，分步完成，从而保质保量。琐碎的任务也要分出时间，不容忽视。当把自己的学习生活有序化，按计划在预定的轨道中运转，一切进入了良性循环，就可以拨云见雾，摆脱迷糊混沌的状态。

四、做事总是很拖沓，无论任务大小、时间多少，总是拖到最后一刻完成

拖沓的人分两种：一种是消极怠工型，总觉得时间极其充裕，起初极其悠闲，什么也不做，等到大限将至时才幡然醒悟，只好左右开弓、草草了事。另一种是追求完美型，任何一个细节都不放过，这样一个貌似不大的任务衍生出许多新任务。追求完美没错，但如果失去全局观念，把眼光局限在某一个细枝末节、某一个起因原委的时候，可能会偏离最初的主要目标，迷失在重复与拖延的漩涡中，难以抽身，苦不堪言。

克服拖沓，无非是针对各自的症结，找准之后果断出击。消极怠工的人可以制订一些计划，写一些标语来提醒自己，强迫自己一切要尽早着手，抓紧完成，这样才能避免期限将至时的懊恼与匆忙。

追求完美的人把注意力集中于那个终极目标上，总揽全局、分清主次，不拘泥于细枝末节，会发现适当地放手后收获的是一身轻松与超高效率。

五、分文理科时是听从身边人的意见，还是顺应自己的心愿？

让心灵做主！自己的路还是要自己走，别人的帮携只能是助力，动力来源于自身。一定不要盲目跟风、随波逐流，别人的意见也要认真考虑，但你更该弄清自己的兴趣所在，自己将来向这样的方向发展，然后勇敢地为自己的选择负责。

在适合自己的舞台上才能绽放最夺目的光彩！

我当初在理科班的学习成绩还不错，但我毅然选择了喜欢的文科，事实证明我的选择是正确的，在喜欢的领域我更愿意付出努力，同时也更有天分，最终兴趣伴我走入了理想的燕园。

六、学习文科，背诵是重要的环节，有什么好方法？

文科要记忆的内容很多，一定要下工夫背，越背记忆力越强，越背越会觉得记忆东西是个轻松的事情。背东西时我喜欢自己向内

容里加入快乐、加入联想来辅助记忆。比如背古诗词时，我喜欢把诗唱出来，就是套用一些流行歌曲的调，用诗填词，然后就像记歌词一样把诗背了下来。

我背诵时喜欢大声念出来，念得抑扬顿挫，我会用听、看、读三位一体辅助记忆，一些刻意加重的语调也能辅助记忆。此外，背使东西加入联想可以记忆深刻，比如背30°N穿过的重要地理标志：尼罗河入海口、两河流域、印度河平原、恒河平原、长江……我脑海中就会闪现那些奔腾入海的大河，那些在圣河中沐浴的信徒，那重峦叠嶂的奇险三峡，于是，就像看过的电影片段一样在脑海萦绕难以忘怀。

七、取得好成绩的关键是什么？

首先，扎实基础，良好的基础是一切质变的前提，好的基础能帮你获得良好的成绩。然后，要取得优异成绩就要如我之前所述，注重自我总结与思考，看透各种试题的本质，另外要注重细节，所谓细节决定成败，可能你离成功只有一步，因为细节上疏忽了会前功尽弃。

对此我有惨痛的教训，高考数学有道填空题问比值是多少，我图快，扫了一眼题目要求，看成了求比，于是一字之差，我把答案写成了1：3，由于形式错误，5分就这样白白丢掉了。5分啊，文综得写多少字才能换来的5分，因为忽视细节，我与理想的院系失之交臂。

细节不是细枝末节，它是决定着整个走向的关键且易被人轻视的部分，因此一定要注意啊！

八、从小到大，考试成千上万、挑战层出不穷，怎样保持始终如一的好心态呢？

我想说能力是最大的安全感，有最强大的能力才会保证持续乐观的心态。只有实实在在努力，才能培养出根基稳固的自信。可人无完人，谁没品尝过失败的滋味呢？努力过后遭遇的失败，把它化作宝贵的经验是明智的态度。

把自己当做一位无冕之王，人生是漫长的征战，不争一时一地，不弃一颦一笑。主动找寻快乐，忙中偷闲，学业为主，兴趣为辅。闲暇时尽情地唱跳玩闹、自娱自乐、欣赏风景都会让生活充满阳光，青春活力无限。

回望来时走过的路，我认为兴趣、执著、用心、毅力、快乐、健壮是成功学子所需要的品质。

万千学子中只有少数人有机会走入燕园，走入燕园不容易。

但走入燕园并不是攀越珠峰那种需要挑战人类极限的事，需要的只是你把握好平常的每一天，做自己喜欢的事，用心地度过青葱岁月。

坚定信念，脚踏实地，勤勉不辍，走入燕园是必然。

真理永远是朴素的，好的习惯无非就是上课时学会倾听，课后温故知新，学思结合。这么简明的道理人人都会明白，但能坚持下来的并不多，这需要一种心如止水全神贯注的心境，也需要一种锲而不舍金石可镂的毅力。

> 姓　　名：江忻玺
> 录取院系：信息科学技术学院
> 毕业中学：重庆市石柱中学
> 获奖情况：曾多次获"校三好学生"称号，以及校级"十佳团员"称号

# 我的求学经历之攻关

时间过得真快，转眼自己在求学道路上不知不觉就过了十一年（跳级一年），在这十一年中，自己真可以说是过关斩将，通过自己的不懈努力才能和其他大哥哥大姐姐们一样怀着对未来无限的憧憬踏入了北京大学的校门，其中的心路历程真的让我感慨万千。

## 关卡一：信心

上高中的时候，我校推行保送生制度，而我刚好达到保送生的分数线，即是我们班保送生当中较差的学生之一。在初中的时候，身居班级前列的我，深知高中高手云集，自然表现出信心不足，也没有太大的期望。但妈妈却一直对我说："儿子，进入高中是一个全新的开始，每个同学都是在同一起跑线上，以前的辉煌与遗憾都只能证明你在以前的学习中是否努力，它不能预示你以后求学的成败。你现在刚进入高中阶段，希望你通过自己的努力站到自己该站的位置上去。"妈妈说的肺腑之言刚开始还让我有所触动，但维持的时间不长，因此在刚上高一的第一个月里，我没有太努力，然而却在第一次月考中，考出了年级第十七名，班上第十名的好成绩（对我来说）。尽管如此，我还是从未想过考入年级前十名，更不用说年级前

三名了。记得当时我的同桌就是年级第一,而我对他则只有崇拜之情,从未想过要超越。那次月考之后,回到家中,自然甚是欣喜,当我还在沾沾自喜的时候,爸爸的一席话改变了我的想法。爸爸说:"张校长早就跟我说过,你是有能力进入年级前三甲的人。"听到这句话,我太吃惊了,"真的吗?不是吧,前三甲我连想都不敢想。""是真的,你能行的,相信我。"爸爸再次鼓励我。我当时很激动,心中只想着:要努力一次给大家看看,也给自己看看。从此我加倍努力,每天合理安排作息时间,对于语文和英语一定要在每天的晨读中大声朗读,以便增强记忆,其他科目就要挤时间进行练习,尽管如此,自己的自信心还不是很足,第二次月考之前,我还只想:这个月,这么努力,能进年级前十名,我就心满意足了。结果月考的结果出乎我的意料,真的进了年级前三甲,我考到了第三名。自此以后,我的信心倍增,将自己定位为年级前三甲选手,并发奋努力,期末考试又考到了年级第二,这更加稳固了我的自信心:如果说上一次是凭运气,那这次应该是凭实力吧。

由此可知,信心需要家长和老师的鼓励来树立,更需要自己的努力来稳固。

## 关卡二:语文

刚上高中的第一次月考,我语文很"荣幸"地考了89分(总分150分),位列全班仅有的三个不及格的同学之中。拿到试卷的那天晚上,语文老师来到教室,开始大发雷霆:"这次语文考得相当的差,特别是在你们这个最好的班,竟然还有三个人不及格,真是丢人啊!你们这三个人,就是让北大清华的教授来教,也不会有出息的!"

虽然这些话是鞭策我努力学习的,但那时的我感到无比羞愧,真想找个地洞钻进去,不过我内心也在暗暗发誓:一定要提高语文成绩！在接下来的一个月里，我在语文课上更加认真了，每天晚自习后回到家，我还会读上一两篇优美的作文，或是读一两段素材，对于课本上要求背诵的文章再也不敢马虎。功夫不负有心人，凭着自己的努力，在第二次月考中，我语文考了 116 分，虽然与最高分还相差 5 分，但终于向老师证明了自己并不是无能之辈。

## 关卡三：焦躁

在高二的时候，我已经能稳住自己前三甲的位置，在这一学期的三次月考中，考了两次第一名和一次第三名之后，假期参加了初中同学聚会，听他们讲述在市里面一些名校学习的点滴，看着他们那自豪的眼神，我真的羡慕不已。再对比自己的成绩，与他们相差甚远，我就变得越来越焦躁，总觉得这个小县城的教育已经不足以教导我了，渴望像其他成绩优异的同学一样，转入重庆主城区内学习。利用放假的时间，我多次和老师、校长交流、沟通，他们苦口婆心劝我说："其实石柱中学的教育并不比外面的差多少，你的年龄比较小，自制力尚且不够，到外面没有人监管你，反而会被耽误了的，而且在本地你成绩优异，老师会更加关照你，这更利于你的发展啊。"虽然句句属实，可刚开始我依旧冥顽不化，后来通过老师、校长动之以情、晓之以理的思想工作，我安下心来，在石柱中学认真读书，全身心地投入学习之中。这时的我真庆幸自己有这么好的领导和老师，否则，我都不知道自己今天会是什么样。

## 关卡四：青春萌动期

相信很多同学都有我这样的经历，懵懂的内心里第一次充满了对异性的追求。

在高二的时候，我喜欢上了坐在我前面两年的一位女同学，她纯洁可爱，娇小动人。每天看着她，我懵懂的内心里，第一次有了想让她快乐、幸福的感觉。上课的时候，看着她积极回答老师的问题，下课的时候和她聊天、打闹。仿佛我的存在都是因为她，这样的日子好不美好！

第一次月考向我敲响了警钟，我考了年级第五名。回到家，爸妈责备；来到教室，老师与我促膝谈心，问我是不是有什么心事，有什么问题。只记得，那段时间，好黑暗，只有与她聊天才能让我从痛苦中解脱，结果，我非但没有听从爸妈、老师的劝导，反而越陷越深。

第二次月考我考了年级第十三名，一向心高气傲的我，彻底低头了，我认输了！可是，成绩下滑容易，要重新提起艰难万分啊！我又回到了从零开始的阶段，那段日子真是过得辛苦啊！记得那段日子里，物理老师很关心我，物理晚自习经常把我叫出去谈心，帮助我分析如何努力才能够考到北大清华这些高等学府，我心里甚是感激。而在之前浑浑噩噩的那段时间里，我的物理成绩已经下滑很多，在物理老师的帮助下，我勤练试题无数，终于在期末考试的时候考了95分（那时候还是100分制）。

我和她约定：一切待到高考后再说。在老师的鼓励与支持下，我加油，加油，再加油！终于在期末的时候，艰难地考了第六名。面对成绩的进步，我甚是欣慰啊。

## 关卡五：游戏

本着劳逸结合的原则，我自然而然地爱上了电脑游戏……

记得高一的时候我曾暗暗下定决心高中可不能再玩游戏，可是经常被同学带进网吧去，前几次还能克制自己，只在旁边看他玩，可后来就忍不住了，跟着玩了起来，再后来就愈发不可收拾了。尽管我异常喜欢玩游戏，可是对成绩没有什么影响，爸妈、老师也就没说什么。

到了高二的时候，更加痴迷于玩游戏了，经常在星期天早上，比以往起得更早，去网吧等待约好的哥们儿来一起玩游戏。（因为平日里学校是七点半上早自习，而星期天不上早自习，所以是八点十分才上课。）因为是在学校外面的网吧玩，所以我一直要玩到八点才恋恋不舍地离开网吧。

有一次，记得那还是冬天，寒冷的风呼啸着，带着刺骨的寒让人直哆嗦。我依旧在星期天早上，异常早的起床（六点多一点吧），依旧对爸妈撒谎说，早点去学校学习。然后就来到了学校附近的网吧里，进入虚拟、刺激的网络世界中，依旧玩到八点，才匆匆跑向学校，远远地看见校门口一个孤独的身影在那里徘徊，走近一看，原来是我的爸爸。"这下完了"，我差点没叫出声。爸爸一把抓住我，说："你不是来学习了吗？去哪里去了！是不是又去打游戏了！"见我不作声，爸爸心中已了然。我问他怎么在这里，他说，我刚走，他也跟着出门了。那可是冬天啊！一个人在寒冷的清晨，孤独地在校门口等待，多么难啊！从那以后，我星期天再也不去学校上课了，就在家里学习，因为怕又管不住自己，又跑去上网。但是在一周中唯一休息的星期天下午，爸爸还是允许我在家里上会儿网。

后来进入了高三，老师也开始教导我："是时候收手了，高三这一年一定要熬过去！"我也意识到学习的重要性，下定决心，一定要克制下来。第一周，我咬咬牙，没有去玩电脑；第二周，我想，第一周都坚持下来了，这一周也一样，又坚持下来了；第三周……爸妈看我很努力，很辛苦，决定帮助我摆脱游戏，每周的星期天下午，等我午觉睡好了，带着我到滨河公园去逛逛，沐浴着舒适的阳光，畅想着未来，感觉好不惬意啊！

在高三的这一年里，我没有再痴迷于游戏，只是偶尔才玩一玩，从未沉迷其中。我把它当成了高三繁重学习生活中的一种减压方式而已，因为在游戏中，能忘记自我，暂时把繁重的学习放到脑后。

记得在二楼考试前,我在电脑前玩游戏,心情甚是放松,考出了年级第二名的好成绩,还在全直辖市也考出了从未有过的好名次。这样繁忙的日子又持续到高考前,学校放假两天,回家休息,调整心态,我又回家抱上了电脑,在网络世界中尽情畅游。到了学校,别人问我心态调整得怎样了,我答曰:"我前一天还在玩游戏呢,你说我心态好不!"结果高考我也考出了好成绩。

总而言之,要想成绩好,必须工具用得好。虽然游戏让许多人沉迷,但你也可以利用它来放松自己,起到调整心态的好作用。高考不仅是水平高低的测试,更是心理的测试,欲想不败于高考中,不仅需要过人的才学,更需要过人的胆量与心理素质!

## 关卡六:学习方法

"工欲善其事必先利其器",学习方法就犹如做事的工具,一定要掌握好的学习方法才能在学习生涯中游刃有余,立于不败之地。

首先说说语文吧。就作文而言,每天回家不管是什么时候,我总读一两篇文章,久而久之,对作文的感悟会越来越多,到最后,终会像泉涌之水,不绝于胸中,必能成大气候。就阅读而言,每天定时做一篇阅读,然后校对答案,寻找自己与参考答案的差距,再想想答案是从哪些方面思考得到的,这样久而久之,做阅读时终会发现自己竟与参考答案有如此惊人的相似,到那时候真是想错都不行啊!就语文的基础知识而言,这是没有捷径可走的,该记的必须记,切不能偷懒,否则高考的时候,你定会现出原形的。

再论论数学吧。就代数知识而言,我以为这类题型主要就是靠练习得多,自然会有感悟,要牢牢掌握老师教的方法,更要死死记住公式,切忌偷懒而不记公式。就几何而言,你先得首先观察图形找寻其中的巧妙之处,可以先用铅笔在图形上尝试着画出你觉得最有可能的辅助线,然后继续观察,如此尝试几番,一定能将其攻克的。

再论论英语吧。我想到了我在高二、高三猛速提高英语的奋斗史。高二的时候我买了一本《五年高考三年模拟》,每天做一篇完形填空和几篇阅读,还有一篇改错;早上则专门背诵一本高中英语单词汇编。刚开始,英语依旧不见起色,116 分,115 分,118 分……可我并没有灰心,我继续努力,我知道"冰冻三尺非一日之寒",阳光总在风雨后,只要我继续努力,一定会有成功的一天。每天早上依旧记着 pay attention to、adapt to 等词组、短语,因为我知道要想在高三的时候发生质的飞跃,必须要在高二的时候把基础知识打牢。久而久之,终成气候,以前成绩总是 120 分左右,然而到了高三能够每次考试在 130 分以上,偶尔在 140 分以上。我倍感欣慰,明白一分耕耘一分收获,以前的辛苦总算是没有白费。

耳畔又会想起妈妈经常说的话:"成绩只能代表过去,努力才能成就未来。"以前的努力让我踏进北京大学的校园,今天的不懈努力才能让自己不愧为北大人。

在高三的这一年里,我没有再痴迷于游戏,只是偶尔才玩一玩,从未沉迷其中。我把它当成了高三繁重学习生活中的一种减压方式而已,因为在游戏中,能忘记自我,暂时把繁重的学习放到脑后。

姓　　名：吴自华
录取院系：物理系
毕业中学：江苏省泰州中学
获奖情况：2008 年江苏省中学生信息学学科奥林匹克竞赛一等奖
2009 年江苏省中学生信息学学科奥林匹克竞赛一等奖
2010 年全国高中数学联合竞赛一等奖
2010 年江苏省中学生化学学科奥林匹克竞赛一等奖
2010 年江苏省中学生信息学学科奥林匹克竞赛一等奖
2010 年江苏省中学生生物学科奥林匹克竞赛一等奖
2010 年江苏省中学生物理学科奥林匹克竞赛一等奖
第二十一届"国际科学与和平周"全国中小学生（江苏地区）金钥匙科技竞赛个人一等奖
第八届江苏省高中生作文大赛二等奖
第九届江苏省高中生作文大赛特等奖
"新东方优能杯"第五届全国中小学生创新作文大赛复赛一等奖、总决赛三等奖
第十一届"新世纪"杯全国中学生作文大赛三等奖

# 高中祭

现在想来，三年的时光，真的只在一瞬之间。

太匆匆。离高中生涯的结束又已经是两个多月了，曾经的热血，似乎在这些放纵的日子里已经被消磨殆尽；酸甜苦辣，只留下一点平淡的回想。

虽然中考考得不怎么样，连全市前十都没进，但对于未来的规划都早已成形。没有用千遍万遍的书写来激发自己的斗志，但我很清楚

地知道，我正在一步一步地迈向前方，那里，北大物理系在等着我。

选择物理是出于从小的爱好，而选择北大则是因为北大物理系在全国的地位。目标是放在心底的，并不需要常常念想。但在遇挫颓靡时，它总能够唤醒我内心的力量。平时的每次考试，甚至是平时的小练习，嘴上不说，但其实我都在以第一名来要求自己。曾经也做过错题集，但我觉得那并不适合我，坚持了没多长时间便中途放弃了。我喜欢的，是在无事时回忆做过的题目，做错的，或是花了一番心思才做对的，像幻灯片一样在脑海中播放。那些原来被忽略的细节，在回忆的过程中渐渐清晰起来。而面对错题集，我只像是在订正错题一样，不会有这样的成就感和喜悦感。我会很关注年级里竞争对手们的情况，关心他们每一门的成绩，甚至是某一道题的答题情况。老师和父母都曾经问我是否在意每次考试的排名，或是问我如果考不到第一会不会很受伤，我当然是斩钉截铁地否认了，但其实怎么会不在意呢。三年里，考不到第一的情况大概有四分之一左右，而这四分之一的考试是我印象最深的。每一次，输在哪里，输给了谁，我至今都记得清清楚楚。我有一颗争强好胜的心，至少在学习上，我不会心甘情愿地接受一次失败。

很多人都说高三是人间炼狱，但我最苦的却是在高一。当时还没有文理分科，九门功课，我门门都想拿第一，再加上五门学科竞赛的辅导我全都参加，还要上学校里的雅思辅导班，学习压力非常之大。每天早早起床，背政治历史，上课时记笔记记得密密麻麻，手都发酸，中午以最快的速度解决午饭，不睡午觉，整个中午的时间都用来做作业，因为晚自习时间多半用来参加竞赛辅导，所以晚自习回家，也还要继续做作业以及做学科竞赛的题目一直到深夜。整整一年几乎就是在这样的节奏中度过。仅有的娱乐也就是看看小说，还有放月假时在家玩玩电脑。可以这么说，高一是我三年里最用功也是最认真的一年。在这一年里，我打下了坚实的基础。到了高二高三，我反而过得比较轻松，我想这正是因为高一的良好基础吧。尤其是高三，当大多数人被铺天盖地的讲义折腾得死去活来，开夜工到很晚的时候，我基本上不带作业回家。上课的时候都是边听边做作业，累了就睡会儿，一开始老师还把我喊醒，到后来老师干脆就不管我了。再加上从高一下学期后半段开始，学校开始执行"五严"规定，事实上有了更多的空闲时间。小高考结束后，九门变成五门，也在很大程度上减轻了课业负担。总而言之，就是玩的时间多了，学习的时间少了。

这种变化并非没有带来恶果。高二这一年，实际上是学科竞赛的冲刺时期，而就在这最关键的时期里，我很大程度上是在"混"。不要说做一些额外的题目了，有时候就连老师布置的题目都不能很好地完成。而我得到的是接连几记响亮的警钟。先是计算机，再是化学，最后是数学，都因为一点点小失误而与保送资格失之交臂。同样的问题接二连三地发生，就说明有着深层次的根源，而这一根源就是我的心态发生了变化。高一太累了，所以想要放松，而高二的几次大考似乎也都没费什么力气就拿到了第一，这进一步让我整个人懈怠了下来。这种懈怠在高三的初期并没有什么改变，即便高二最后的期末考试因为语文的滑铁卢而直接跌出十名之外。并且在几次竞赛停课辅导的期间，更是以竞赛之名行娱乐之实，这一方面导致了竞赛的失利，另一方面也更加剧了内心的怠惰。

我依然会早早地完成作业，态度依然很认真，但因为怠惰，所以就少了些东西。有很长的时间我都很迷惘，不知道少了些什么，只是察觉到每次考试时不再有那种一切尽在掌握的感觉，久而久之甚至都习惯了。直到某一天，我才突然明白，我比以往所缺少了的，其实是对于完美的追求。或许完美主义可以定位为一种病态的心理，但无论是在学习还是科研上，我觉得追求完美才是人们的原动力。不是每一个士兵都可以成为将军，但一个好的士兵会有成为将军的憧憬。同样的，不是每件事都可以做到完美，但至少怀着对完美的期待，可以让一个人最大限度发挥出自己的才智和能力。幸而，明白这一切的时候，还不算太晚，高一辛勤赚来的老本还没有赔完，在高考之前我还有足够的时间来调整状态。

调整的过程当然不会一帆风顺。最让我感到难以捉摸的便是语文了。从初中到高二，我都没有为我的语文担心过。初中的久远往事暂且不提，高一高二，我的语文成绩一直很稳定，也考过年级第一，而从没有考得很差过。所以高二期末语文的惨痛教训并没有给我留下刻骨铭心的印象。到了高三，我终于品尝到什么叫跌宕起伏。我可以在一次考试中语文单科考到年级前五甚至是第一，也可以在紧接下来的一次考试中单科四百名开外，不到班级平均分。为了我的语文成绩，班主任找了我和我家长多次，又请其他语文老师来为我辅导，而我自己也暗暗加大语文的课外训练力度。但世界似乎就是这么奇妙，当我对语文特别用心、特别投入的时候，下面一次语文铁定考不好；而在我对语文淡然处之的时候，往往会有令人眼前一亮的表现。这种剧烈的波动，以及投入与产出之间的落差，让我一度开始怀疑自己。但我告诉自己，这一切终将过去。通向成功从来就没有坦途，越是崎岖的山路，越能考验一个人真正的心性。我坚信"天将降大任"，而这一切，只是为胜利所做的准备。幸而，在最后的高考中，在令无数人捶胸顿足的语文这一科上，我没有让我自己、让牵挂着我的老师和家长失望。是的，波动没有什么大不了，历史就是波动式的前进，螺旋式的上升，而每个人也是一样。不要被波动搞得手足无措，要尽力摒除内心的无力感，在波动中前行，而不是在波动中停滞。

扪心自问，高中三年在学习上我真的全力以赴了吗？并没有。即便是在高考最后的冲刺阶段，我中午多是在闲聊和看杂志中度过，而晚上离开学校便不再想与学习有关的事情。有同学开玩笑说我把省状元玩掉了。但我不遗憾，不后悔。这个世界上没有后悔药可买，想象如果我高中三年一心扑在学习上心无旁骛会是什么结果，这是毫无意义的。更重要的是，高中并不只是三年的学习，高中是我们一生中无法抹去的重重的一笔，它的含义，远不只是学习这么简单。我不否认高中学生的主要任务是学习，但学习绝不是一个高中学生生活的全部。

　　整个高中最让我激动的几件事，都是集体活动。高二的时候我们班赢得了篮球赛的第二名。没有人看好我们，就连我们自己也没有抱多大的野心。我们只是一场一场去拼，拼尽全力。当然也得益于幸运女神的眷顾，就这样，一半运气一半拼劲，我们真的拼出了一个第二名。我还记得最后一场比赛结束，确定我们成为亚军的时候，不少人都流下了喜悦的泪水。大家恣意地欢呼，很久很久。而高二的合唱比赛也同样让人记忆犹新。从没有想过唱红歌的我们在班主任的强烈要求下半路改唱《山丹丹花开红艳艳》，才开始的时候，大家都没什么激情，对练歌也缺乏兴趣，因为对歌曲本身就没有太多好感。但练着练着，整个班级就迸发出了强大的凝聚力，这种凝聚力直接调动起每个人内心的火焰。付出了若干个引吭高歌的夜晚之后，在最后的比赛上，我们班毫无悬念地夺冠。分数揭晓的一刻，每个人的脸上都写满了欢欣鼓舞。三年里分了四次班，身边的同学换了又换，但每个班级经过一段时间的磨合，最后都能真正成为一个有血有肉的整体。而这一切在集体活动中表现得尤为明显。小学、初中也有集体活动，但高中的集体活动与之相比又有所不同。成长了的我们，有了更加强烈的集体荣誉感。而这一荣誉感也将伴随我们步入大学校园，乃至步入社会，进入工作岗位。

　　如果说集体活动是一份大餐，那么个人的娱乐活动就是一道道可口的小菜。学习之余，必不可少。而提到这小菜，我还有更多的故事要说。话说我是第一个把风靡全国的"三国杀"引进我们学校的人，起初只有我和我的同学玩，而在我毕业之时，"三国杀"已然风靡全校。而作为始作俑者的我，对"三国杀"的热度一直未减。高三，"三国杀"成了我们班一桩桩"血案"的源头。若干人为此写检讨，被谈话，但大家甘愿为此"抛头颅洒热血"，前赴后继，

"杀"心不已。从开始的"周末杀",到后来的"中午杀"、"放学杀",乃至于"自习杀"、"上课杀",愈演愈烈,终于一发不可收拾。直到班主任以雷霆手段镇压,发起全班大检举,三国杀的风声才得以收敛。而我,自然是罪魁祸首。身为一班之长的我遭受了声色俱厉和苦口婆心的轮番教育,还差点被打发回家,怎一个惨字了得啊。痛定思痛,痛改前非。诚然,繁重的学业压力需要一个释放的出口,但凡事都有度,一旦过度,就会变利为害,难以收拾。小菜虽可口,吃多会伤身。娱乐只能作为调剂,万万不能主次颠倒。当然,我也坚决反对完全抵制娱乐的做法,我们是人而不是学习机器。英谚说得好,"只学习不玩耍,聪明孩子也变傻"。玩是必要的,但是要有技巧、有限度地去玩,通过适度的放松来更好地提高学习效率。

高中已然结束。苦也好,乐也好,都成往事,只堪祭奠。

然而回首凝眸,这三年,在路上,有着太多太多的收获。而这些收获,将会是一辈子的珍藏。将三年前那个略显稚嫩的自己与现在的自己重叠,蓦然间发现,自己真的是长大了。

长大的不仅仅是外表,还有内心。

收敛了几分傲气,化作坚韧的骨气;洗去了几多稚气,换来成熟的心气。

更加坚强,更加坚持,更加有担当,这样的更加,还有很多很多。

而收获的还不只这些,还有必将地久天长的同学情谊和师生情谊,没有任何杂质,如此清澈。

展望明天,我对即将开始的大学生活充满期待。高中的成长,是对大学生涯最好的奠基。高中的经验教训,都是不可多得的宝贵财富。往者不可谏,在崭新的征程上,我将扬帆起航,乘风破浪。

我对于高中的记忆,仍将以鲜活的姿态继续存在,鼓舞我,支持我,一路前行,走得越来越远。

波动没有什么大不了,历史就是波动式的前进,螺旋式的上升,而每个人也是一样。不要被波动搞得手足无措,要尽力摒除内心的无力感,在波动中前行,而不是在波动中停滞。

姓　　名：肖蓉心
录取院系：生命科学学院
毕业中学：西北工业大学附属中学

# 写在大学前

　　看到征文的要求其实挺头大的……虽然通知书上友情提示了征文内容：学习经验、学习方法，以及保持良好心态的秘诀……理论上讲，北大人，作为骄子，应该很自信很骄傲也很成功。可我，作为一个复读生，丝毫没有这样想的立场。

　　但马上就要进入大学，到了人生新的阶段，我总还是有一些更成熟的感悟。

　　我高中以前的生活，无忧无虑，几乎从没遇到什么不顺的事，不仅因为有些小聪明，更重要的原因是我没有什么追求。没有追求就不会有失落，所以我一直是幸福的。

　　但初三的一天，我翘了周末的英语补习班跟爸爸和他的一群好友去钓鱼，被其中的一个伯伯嘲笑：任性。不止这样，他看到爸爸没有任何反应，又接着说道："我儿子不到三十岁，已经是拿到执照的建筑设计师了。他从上初中开始就很认真地学习，男孩成长的关键点在初一，女孩儿要是在初三还不懂事就是被惯得毁掉了！老肖你得好好管啊。"

　　他对老爸的讽刺，让我实在不能忍。

　　我爸妈都是医生，妈妈更要强一些，所以生下我之后的几年都在忙事业很少管我，爸爸是骨外科的，其实更忙，有时连续做二十几个小时手术，半夜三点被叫到医院抢救病人……可他还是耐心地充当了我的超级奶爸：从不拿我跟别家孩子比，从不跟我提学习上的要求，陪我下棋打扑克，把我当哥们儿似的，甚至在我很小时还用肚子当我的摇篮……在我心里，老爸绝对是超乎一般的存在，我一直以他为荣。可在那一刻，我突然意识到，原来被老爸宠着的我已经成了别人嘲笑他的把柄。

从那时起，我突然有了目标，要做个优秀的孩子，要给老爸争口气。

于是我想，跟他一样当个外科医生也不错，电视上的外科医生都挺有气质，而且挣钱多，生个病什么的还能给自己诊断一下，于是我就把北医定做自己的目标。

后来我还真的学得挺认真，不但上课认真听，晚上还会做课外习题，寒暑假几乎每天去大学自习室上自习，连发烧感冒都喝咖啡强撑着学习。就在这里穿插些学习方法吧。

第一，重心当然还是在老师讲的内容上，课堂是收获最多的地方；

第二，作业要认真完成，课外练习要有难度；

第三，有了问题先自己思考，实在不会了就去问同学问老师，这一点上我因为懒得思考所以吃了不少亏，还要积累问题和错题，这样在复习时会省时省力；

第四，学习贵在坚持，冬练三九，夏练三伏，不要有偷懒的心理；

第五，劳逸结合，学完了放松放松能提高效率，记得高二一年我就看了十几部日剧；

最后，可能有人会不信……至于你们信不信，我反正是信了，那就是：这辈子会顶着哪个学校的牌子毕业，是上天注定好的，不要过分看重名校的牌子，我在这儿就吃过亏。也不要以为不在清华北大就没前途，钱学森是上海交大的，吴孟超是同济的，袁隆平是西南农大的，但他们绝对是中国人中最棒的。实力＋心理素质＋运气＝成功。

就这样我一直很轻松稳定地度过了高一、高二，是老师最放心的学生之一。老爸的关心，老师的鼓励，一直让我很感动很自信。这感动成了我努力的动力，自信使我不轻易放弃，这就是积极的一面。可是，这些也无形中增加了我的心理压力。校长还专门找我谈过话，告诉我以我的实力，北医只是囊中之物，不要有压力。

可心理这种奇妙的东西，不是人类可以控制的，第一次高考时我还是太紧张了，所以成绩很差。当时我被录进了北医的高级护理系，我不喜欢这个专业，所以决定复读。开学前，"惯女成性"的老爸还劝我，直接以最高分点招进西安交大的医学院算了，离得近他还能照应。但我没理他，流着眼泪咬着牙想，不能给他丢人。

高三那一年我总觉得自己什么都不顺，先是北大自招时离分数线差了4分，再是港大面试时突然被告知我报的专业不招生，还有高考的失利。所以我一下没了斗志，只想着：尽人力，顺天意。

天挺疼我的，复读这一年，我先是遇到了一班极友好的同学，又顺利拿到北大的30分加分，高考后又顺利进入我填报的第一志愿第一专业。

生物科学与临床医学相去甚远，但这是我的选择，也是天意。报志愿前我跟着老爸去开一个高级别的骨科学会，采访了几个顶尖专家，他们都告诉我，其实一开始不想当骨科医生……好吧，我一开始就想当骨科医生，那注定是当不上了。他们又说，性格这么好的女孩子，在北大学生物然后出国搞生物医学方向的研究，算是最好的选择。那就试试吧，也算跟医学沾点边……

所以，我突然发现其实上天已经注定好了我的路，只要我在这条路上一直向前，从结果来看总是顺的。反之，即使我到了另一条路的尽头，也会发现一切都是坎坷甚至是错误的。

亲人的期许，老师的鼓励，自己怀揣着的梦想，是在这条注定好的路上前行的动力。不要让它们产生反效果，成为了压力。

同时，要对天赐予的生活满足并且感恩，懂得满足感恩的人是幸福的。

天注定的结果也许与以前的愿望不同,但以平静的心态面对的话,不是也会惊喜地收获明天吗。

现在的我,懂得了更认真努力地去做眼前的事,更平静地面对每个明天。

大学是一个新的开始:第一,它不同于之前的任何一个学习阶段,这是我在学习中自己选择的、自己喜欢的、将来对我几十年的职业生涯有直接影响的知识,所以我就更应该以认真、平静、努力的态度去面对;第二,我将会与全国各地的人相识,与他们成为同学、朋友,并且从这个小社会学到未来的交往技巧。

马上就要开学了,真是期待又紧张呢。

不过不知道在这新的一页上,上天为我书写了怎样的生活呢……

不要过分看重名校的牌子,我在这儿就吃过亏。也不要以为不在清华北大就没前途,钱学森是上海交大的,吴孟超是同济的,袁隆平是西南农大的,但他们绝对是中国人中最棒的。

姓　　名：袁钰莹
录取院系：城市与环境学院
毕业中学：宁夏银川一中
获奖情况：2010年全国中学生数学联赛一等奖、物理竞赛二等奖
　　　　　2009年全国中学生数学联赛三等奖
　　　　　希望杯数学邀请赛三等奖
　　　　　全国中学生英语能力竞赛一等奖
　　　　　银川市青少年科技创新大赛一等奖

# 飞向梦想

## 一、梦想的发源

以前我很少想以后会去哪个大学,只是觉得世界上的事情变数太多,现在计划得好好的,将来也未必成功,想着只要自己好好努力,认真过好每一天,将来的结果就不会令我失望,直到那次保送……

因为获得了数学联赛省区一等奖,加之以前重大考试的成绩,我获得了学校推荐保送的资格。从此,自我感觉不好的我发现自己是有能力走向清华北大的,而与清华相比,我更向往北大自主自由的气息,更憧憬北大深厚的人文积淀,北大,成了我梦想的家园。

然而保送考试毕竟不同于高考,其实我以前以为保送是不需要考试的,有学校的推荐、竞赛成绩和平时成绩就够了,但事实上,远远不够。保送考试有些像竞赛,对于我这种非竞赛全才而言,有些科目的考试确实困难,比如:物理化学。加上考试前的一场大病,

考试结果的惨烈程度就不言而喻了。可即使如此，我仍抱有一丝幻想，总觉得还有希望，直到成绩公布……是啊，谁愿意幻想梦想破灭呢，此后我的心情和一月的北方一样，寒冷，没有活力。旧病未愈新病又来，伤心啊。病好后，我忽然有一种如释重负之感。第一次发现生病还有这样的好处，正逢我十八岁生日，我真的感激上苍给了我这样一次经历，这是我破茧成蝶前所要经受的痛苦和磨砺。每个人都很坚强，只是看他能不能发现自己很坚强，信不信自己很坚强，我庆幸我发现了，相信了自己。

梦想从此起航，北大成了我远方的航标。虽然还有自主招生考试，但我已经把它看淡了，当做一次小测验，一轮复习的尾声，将重心重新转移到高考上。自主招生的题比保送简单些，比高考难些，发挥也只能评价为一般。

## 二、重整旗鼓，再战江湖

得知自主招生成绩已是三月份的事情了，不出所料还是失利，虽然有门科目的成绩令我不解，但我不想深究。与保送相似，还差10分就达线了，我明白差10分和差1分没有区别，等在我面前的只有高考一条路，看着同学因自主招生成绩优异而被保送，不禁有些失落，我不断告诉自己，还有希望，不能放弃，北大又岂是那么容易就进去的？

此时已进入二轮复习，可我觉得一轮复习就像没怎么进行似的，也许是事情太多，无暇分心吧。

说到学习方法，其实我在最后一年中也思考过、观察过，好学生的特点从来都是认真听课，多思多问，把握课堂。"把握课堂"似乎是一句听到烂的话，很多人觉得有用，很多人觉得不解，更多的人不以为然。其实这真的是一句很有用的话，课上老师一句要紧的话胜过万千参考书上无关痛痒的话。身边充满了上课不专心听讲，下课又狂问不止的同学。还有人遇到一个问题就停止不前，后面的课不听，还咨询周围的同学，被问者解疑吧耽误课程，不解吧又不好意思。其实有问题大可简要记下，下课再问，解释何愁没有详尽解答，或许再听老师讲几句就豁然开朗了呢。"把握课堂"还意味着一个主体问题。那就是学习是以学校课堂为主，课外辅导为辅，但凡本末倒置不分主次者，皆是费力不讨好，事倍功半，成绩不理想者。我见过很多人，学校的课程不认真学习，反而热衷于家教、补习班，最后得不偿失。"把握课堂"也是一种信任的表现。如果一个学生相信老师，他自然会相信老师的话，自然会认真听课，按老师的要求去做；如果不相信，他自然会注意力不集中，我行我素。相信老师是一种基本信任，老师教过的学生不计其数，经历了数届高考，他们的职业就是研究学习和高考，所以他们的方法一定是相对更有效的，他们挑选的习题也是以一当十的。每个人当然都有自己独特的学习方式，老师的话也未必放之四海皆准，但毕竟具有相当的参考价值。还有做题问题。做题不在多，做精则灵；做题不在难，把握重点则行。状元从来不钻题海，如果做而不思，做再多题也是枉然。身边就有很多这样的例子。有位同学，理综卷子做了五六十份，可高考理综还是120多分，何哉？盲目做题，不假思索。老师常说要总结思考，虽然我到现在都不是很明白应当怎样总结，但是我认为如果要攻克一道理科难题，一定要自己先思考，实在山穷水尽了再听别人讲解，听懂后还要自己独立重做一遍，时不时地温习一下，并尝试把此法应用于其他题目，一段时间后，自然会熟悉掌握此法。贪多求快未必有效，稳扎稳打才是正途。

最后的日子无疑是艰辛的，真的是要耐得住寂寞，抵得住诱惑。每天要做的事情就是单一重复地做卷子，做练习，讲题，考试。日子过得很快。自从第四次月考理综失利后，我的理综便开始萎靡不振，抓理综成了我最后半年的重点。三次模拟的成绩让我有一些欣慰，因为它在逐步上升，但是三模不错的成绩反倒让我有了一丝担心。最后一个月虽然在避免想大学的问题（据说这样只会徒增压力），但成绩有时候确实像正弦曲线，很难有持续的高峰，我很怕随着这次高峰而来的高考会下降。老师说我是："人家都是成绩不好时担心，你这怎么反倒是成绩好了担心？"也许是我多心了，但是另一个问题让我不得不重视：失眠。我相信许多从高三过来的同学都有类似的经历。这实在是一个令人发疯的问题，也几乎成了我最后日子里的最大困扰。起初我以为只有自己失眠，后来才发现原来大家都有，就连状元也难逃此状。幸好有位老师给了我一个很好的建议，让我每天晚饭后去散步三千米以上。这真的是一个不错的建议，不过见效的前提是一定要坚持。中午睡不着不是太要紧，如果这样会令你下午打瞌睡，那你就要相信你中午是可以睡着的，况且只要保证了晚上的睡眠，中午觉没什么大不了。失眠所破坏的不一定是精神状况，大多时候它破坏的是心情，失眠常常会使很多人（包括我）觉得心烦意乱，而心情是决胜高考的最大因素。

  应试技能很重要，但这在最后的两周内早已定型，此时要做的就是调整心情。很多人因为高考时心情舒畅而超常发挥，冲进理想大学，考出了历史最高分；也有很多人考前心浮气躁，发挥失常，不是含恨走向"非理想"大学，就是泪洒高四。我当时的心情属于正常偏差，所以高考成绩也属于平均水平偏下。到了考试那天就没有什么想法了，只是一心答卷。我并不期盼太超常，有时候太超常进了过好的大学，跟不上不就悲剧了，所幸的是我最终圆梦于北大，分不算高，刚过线一点点，但我已无奢求。说实话，签完预录取协议的我并不怎么激动欣喜，很平静，直到我收到北大的录取通知书，才有了种莫名的兴奋。原来，预录取协议还是没有通知书来得真切动人。

## 三、旁观者清

现在我成了"过来人",回想高考犹在眼前,却又恍若隔世。细细思索,只总结出两字——信心。这仍是屡见不鲜的一个词。可是,有没有人仔细想过这两个字究竟意味着什么?

考试是一个随机性很大的事情,也许有次考试正好全部是自己会做的题,那自然越做越高兴,分数也越高,可要是碰上几道自己不会做的题,那只能是越做越痛苦,分数也不乐观。即使是高考状元也只是一次考试的状元,只表示他(她)在此次考试中的发挥最好,具备一定的实力,但不表示他是最强的,因为没有绝对的最强。我承认考试是要靠一定的运气的,但我从来不相信运气。好运气只是小概率事件,只在极少数人身上发生,所谓好运与好结果是偶然与必然的交集。好运气带来的好结果是在有实力的前提下发生的必然事件。我相信如果自己掌握了全部的知识点,融会贯通,那在考试时必将时时"交好运"。所以,不必把考试看得那么重,错误只会帮助你发现问题,不会将你推向深渊,能把你推向万劫不复的只有你自己。即使是高考也不是非生即死的事情,最坏的情况不过就是没有考上理想大学。那又怎样,大学好好念,再奔研究生,出人头地的大有人在。大学只是一个跳板而已,可只有当你有信心时这个跳板才能助你飞得更高,考试失利才会成为你宝贵的财富,否则,这一切都只会成为你把自己推向深渊的借口。

信心是一种充分的自我认可但不是盲目的骄傲自大,是建立在一定的能力基础上的。一个人的能力大小,价值多少,不是靠与别人攀比实现的,我们可以把另一个人视为目标榜样,但决不能只顾比较,忽略比较的终极目的和意义。如此才不会让我们心浮气躁,惶恐不安,汲汲于超过,戚戚于落后。

信心其实也是耐心与勇气的根源。有耐心有勇气即是有信心,无信心便会无耐心无勇气。当我们有信心做好一件事情的时候，我们会百折不挠，坚持下去，失败千次也不放弃，这便是耐心，是坚持。只有在我们相信自己做不好时，才会觉得再奋斗也是徒劳，努力等于浪费，由此，耐心即丧，半途而废。学习，人生，都是一条披荆斩棘的路，随时有毒蛇猛兽出现，有信心才能有勇气与之搏斗，继续前进；没信心便觉得长路漫漫，没有尽头，心生退意，或掉头折返，发现后路亦艰难非凡，犹豫间命丧虎口，或缴械投降，听天由命。殊不知"我命由我不由天"，除了自己没人能逼迫我们放弃。"守得云开见月明"，成功很多时候不就是再坚持一下下么？而不坚持就是因为缺那一点点信心，这就是"行百里者半九十"的原因。

作为北大学子，我不属于进校时光芒万丈、成功出色的那一类，但是我相信一切皆有可能，我会让自己变成一个出色的北大人。以上这些只是自己的一点经历感触，仅供参考。

> 起初我以为只有自己失眠，后来才发现原来大家都有，就连状元也难逃此状。幸好有位老师给了我一个很好的建议，让我每天晚饭后去散步三千米以上。这真的是一个不错的建议，不过见效的前提是一定要坚持。

姓　　名：张　驰
录取院系：北大经济学院
毕业中学：东北师范大学附属中学
获奖情况：获"吉林省三好学生"荣誉称号
哈佛大学模拟联合国2010中国会议杰出代表
第七届"'21世纪杯'全国中小学生英语演讲比赛"（高中组）决赛二等奖
"2010哈佛大学中美学生领袖峰会"闭幕式发言人
通过"香港大学校长直推计划"考核，获得其经济金融、会计金融、法律专业的加分

# 积极参与学生活动，让高中生活更精彩

每一名高中生都在赶路——踏着信念铺就的栈道，向着梦想指引的终点奔跑。一些人小心谨慎，紧盯着脚下的泥土，最终风尘仆仆地走完一段青涩的路程。当踏上下一段行程时，他们还是那个眉头紧锁的赶路人。

另一些人却不同，尽管一路飞驰，但他们不时抬起头去捕捉路旁的小桥流水，去体味雏菊散发的芬芳，去应和自然的动人旋律。到达终点时，他们依旧神清气爽、兴致盎然。再次出发，他们便成了仗剑行天下的侠客。

同样的征途，不同的收获。学习知识、提高成绩固然是主业，但绝不是高中生活的全部。积极参与丰富多彩的学生活动，不要让卷子和练习册占满本应五彩缤纷的花样年华。

当然，参与学生活动的意义不仅是为"不负好韶光"。作为一名从小学一年级就担任班长的学生，学生工作给予了我许多"意外"

收获。

  首先，我认为它丰富了我的人生体验。很多社团活动会给我分配特定的角色，比如话剧团的编剧、广播站的播音员、模拟联合国的世界银行董事会董事等等。也许平日也听过许多相关的职业介绍，但亲身体验使我对这些工作有了更深的了解，这对我的专业选择产生了很大影响。

  其次，参与学生活动提升了我适应社会的能力。组织和参与活动需要同学间的配合，这培养了我的团队意识、沟通能力和领导才能，并学会倾听他人的意见、表达自己的诉求。

  最后，丰富的学生活动经历让我比其他成绩优秀的同学多了一个竞争砝码，得到了老师的赏识。凭借这些参与学生活动的经历，我获得了北大、港大的"校长直推计划"资格，并出色完成面试，得到北大 30 分加分和港大经济金融、会计金融、法律三个专业各 10 分的加分。

  总的来说，参加学生活动不仅助力高考，更能为人生积淀财富。

  高中阶段可以参加的学生活动种类丰富、形式多样，可大致分为班级活动、学校活动和社会活动。

  班级活动在许多同学眼中是琐碎的代名词。的确，在班级中从养花到打扫卫生，从给饮水机换水到收练习册费用，从维持自习纪律到平衡运动会项目都是基础、繁杂的工作。但作为高中三年的班长，我觉得这是很好的锻炼机会，因为做好这些工作需要细心和耐心。例如，数学老师的板书量很大，擦黑板的工作自然就落到我们身上。最初大家比较羞涩，只有我一个人就算坐在最后一排也要去擦，这激发了大家的积极性。但是，擦黑板不仅需要勤快，还需要与老师配合。最初，我们不是擦掉了老师还要用的内容，就是反应迟钝让老师"抢了先"。经过一段时间的"磨合"，我们才成了真正的助手。

  不过，班级里也并非不能做大活动。比如高一时，我曾异想天开地提出把《哈利波特与死亡圣器》改编成一部英文话剧。这个提议被头脑发热的"哈迷"采纳。作为导演、编剧和邓布利多的扮演者，我开始和大家一起修改剧本、组织排练、挑选服装、布置场景。这是一项历时四个月的艰苦工作，光剧本就修改了十次。台词不熟、动作僵硬、开销过大等问题考验着我这个经验为零的"演艺圈新手"。好在同学们精诚合作，最终完成排演工作并在全校公映这部"巨作"。

学校的活动形式更多。学生会主要负责大型活动的策划和组织，比如组织各种球类比赛、演讲比赛、艺术节、科技节等。同时，也负责协助老师进行学校的日常管理——检查眼操、间操；进行班级卫生、布置检查等等。大家觉得学生会是领导机构，实则不然。学生会的宗旨是为大家服务——组织大家喜欢的活动，向学校领导反映大家的问题和关切。组织全校的活动需要充分的思考和讨论，要考虑不同学生的喜好以及校领导的意见，比较复杂，但也更锻炼能力。

社团活动是学校活动的另一重要方面。与学生会不同，社团是拥有共同爱好的同学的自由组织。话剧团、广播站、棋牌社、文学社、羽毛球社、网络协会等等，总有一个符合你的兴趣。参加社团活动一般不需太多精力，我们可以在其中切磋技艺、广交朋友，在紧张的学习之余放松心情。比较特殊的是"模拟联合国"，顾名思义，就是模拟联合国某一组织的讨论、决策过程。同学们分别担任不同国家的代表，就某一预设的问题展开攻防辩论，为自己的国家争取利益，最终相互妥协、形成决议。一般情况下会议的工作语言是英语，它需要语言、沟通、辩论等多方面的能力，被誉为外交官的摇篮。参与这个活动需要花费较多精力，但参与"模联"可以拓展视野、锻炼领导才能，是十分有意义的。

社会活动主要包括志愿服务、社会实践以及其他社会团体组织的夏令营、峰会。高中期间，我曾在书店整理图书、擦柜子，也曾回到初中,给学弟学妹解答问题,还曾在长春白大卫外语学校的冬令营给小学生上过口语课,这些都成为了我记忆中美妙的一页。高三时,我参加了哈佛大学中美学生领袖峰会和北大优秀学生夏令营。在哈佛峰会上,我们参与哈佛学生组织的讨论课程,参加袁岳等卓越人士举办的演讲,参与丰富的课余活动。它让我了解了以哈佛为代表的西方大学的学术氛围和学习环境,让我看到了更高远的目标。在北大夏令营,我聆听了许多专家讲座,对北大院系设置有了一些了解;参观了北大的校园,被这里的一草一木所吸引;与学长交流,从他们身上感知当代北大学生的思考与担当。短短的四天让我下定决心报考北大,这成为我整个高三奋斗的力量之源。有选择地参与这些社会活动可以开阔视野、增长见识、树立目标。同时,走出家门、独立生活,也是在提前学习大学的一门必修课。

其实,参与学生工作不是一件十分容易的事情。在我看来,要做好学生工作并有所收获,需要明确以下三个问题。

首先,我们为什么要做学生工作。是为了过"官瘾"?是为了争取"保送"、"加分"?我认为学生干部首先要树立服务意识,我们做工作是为了给予老师和同学们方便,因此,不要抱怨辛苦,不要怕吃亏。我们班级的水瓶回收员,每天负责收集空饮料瓶,然后拿到楼下去卖,所得计入班费。这项听起来简单的工作背后,是日复一日提着一个装满瓶子的大塑料袋跑下四楼的单调和劳累,但他从不抱怨,每天默默地为了几块钱班费奔波。再比如花卉管理员,负责浇花、养鱼。他不但要给花浇水,适当施肥,剪除枯叶,还要想着给鱼喂食,换水,一忙活就是半个小时。这些同学做的是小事,但都得到了我们班每个人深深的敬佩。真诚付出、无私奉献是我们参与学生活动的根本目的。

其次,我们该以什么样的态度参与学生活动。是敷衍了事?还是娱乐为先?做学生工作要的是认真勤恳、注重细节的态度。2010年3月,我参加了哈佛大学模拟联合国2010中国会议,被分在世界银行委员会，讨论世界汽车产业危机问题。会前，为了准备资料、写立场文件，我花了 N 个晚上在 CNN、Yahoo、美国商务部这些网站上搜索信息。为了确认一个法案，我在美国国会网站的数据库中翻了三个小时，最终确认了议案编码、名称和款项。参会的三天中，我和盟友一起为己方辩护，不断交涉，晚上十点钟当天会议结束时已经口干舌燥，回到房间，吃一口已经发凉的盒饭，就开始讨论决议案的条款，再落实成文本。即使第二天晚上大家都去舞会放松心情，我们仍然在讨论和写作决议案，仍然战斗到深夜。在北京的三天，我只睡了十个小时，每天靠咖啡支撑，疲惫至极。其实在那个环境中没有人约束你，你可以选择"打酱油"——在会场睡觉，和 MM 约会，忘记文件、发言，等待会议结束，但我没有这样做。最终，我获得了世界银行杰出代表奖，更重要的是，我对世界经济特别是美国汽车产业有了更多的了解，对外交工作有了新的认识。我想，没有前期的准备和那三天的坚持，就不会有这些收获。

最后，在工作中应该有怎样的意识。我觉得大胆创新的意识在参加学生工作中十分关键。如果总是停留在前辈留下的活动创意上，自己的能力就得不到锻炼。况且，每一届学生都有自己的想法和诉求，只有大胆创新才能满足同学们的需求。比如"精英讲坛"就是我创意、组织的一个社团活动。高一下学期，我发现很多同学对相对论、分形几何、文学经典这些话题很感兴趣，并有一些自己的见解，却没有与大家分享的机会。于是组织建立这样一个活动，如果同学们对某个问题有深入的研究，可以将自己的思考整理成一个小时的演讲，利用中午时间与大家分享，打造我们学生的"百家讲坛"。在完成了详细的活动策划书并征得老师同意后，我们成立了组织委员会，聘任了八位学习成绩优异并且在自然科学、文学艺术、计算机、时事政治等方面有独到见解的同学担任委员，负责演讲申请的受理、稿件的修改审核、试讲、活动宣传、活动主持、活动视频制作等全部工作。到高二下学期，共有九位同学走上讲台，为我们讲述了"欧洲足坛豪门政治"、"物理与几何"、"大学"、"希腊神话""仙剑奇侠传中的传统文学"等话题，展现了自己的学术风采。

除了活动创新，管理制度，尤其是班级管理制度也有很多可以改进的地方。拿我们班级来说，我们创建了值周班长质询制度。每周一的班会，上一周的值周班长都会接受大家的提问，比如"周三晚上为什么没有拔掉饮水机电源？"、"中午午睡时间有同学讲话，影响大家休息，怎么解决？"等等。班长或作出解释，或为自己的疏漏致歉并与大家讨论解决办法。商讨出的解决方案由下一任班长执行，执行情况由纪检委员记录，结果在每个月的纪检报告中公布。这一制度，使每个人都参与班级的决策管理，便于发现问题、解决问题、形成监督。

"耽误学习"是大多数同学不参与学生活动的理由。的确，"如何处理学习和工作的关系"的问题是无法逃避的。其实，工作和学习并非不能兼得。就我个人而言，我同时担任年级学生分会主席团主席、校学生会主席团成员、校团员志愿者协会副会长、班长。高一下学期期中考试前的一周，我在周四组织了哈利波特话剧的联合排练，在周五中午组织了"精英讲坛"的第一次活动，周六周日我到杭州参加了"二十一世纪杯"全国中学生英语演讲大赛，周一下午回到长春便直接去学校上课，开始准备期中考试。出乎我意料的是，那次考试我第一次进入年级前二十，得了班级第一。在课业压力最大的高三下学期，我除了承担班级日常管理工作，还在"百日誓师大会"、"教育部中学校长论坛"、"2010级毕业生离校仪式"上发言。尽管十分忙碌，我仍连续五次在模拟考试进入年级前十名，在高考中如愿以偿进入北京大学。可见，只要肯付出、讲方法，就可以平衡工作与学习的关系。

具体而言，我认为以下四点也许会对大家有所启发。

1. 不要把参与活动当做成绩下滑的借口。作为学生干部，成绩应该更加优异，起到带头作用。因为工作忙而放松对自己的要求，就是舍本逐末、买椟还珠。高考是无法逃避的，没有好的成绩就不能实现最终的梦想。这个后果，只能自己承担，用一生的遗憾去承担。

2. 不欠债。今天的事情绝不留到明天。如果自习、午休的学习时间被占用了，那就只好向周公要时间了。最初与困倦战斗会很痛苦，但与完成任务后的成就感相比，这点痛苦可以忽略不计。明日何其多，不要到空白的练习册堆积成山时再捶胸顿足。

3. 提高效率，充分利用时间。这既包括在相同时间内高效率地完成更多任务，又包括学会利用零散时间，见缝插针。比如课间十分钟、课上老师开玩笑的两分钟、开会前的五分钟、公交上的半小时都可利用起来，做一道选择题，背一首古诗，背三个单词。只要有心，总能找到学习的时间。

4. 寻找适合自己的学习方法。尝试建立一套自己的学习方法，并不断调整、完善。比如善于积累错题，把错因记录下来，考试前拿出来看一遍；定期总结近一段时间的得失——有哪些进步，存在哪些问题，怎么解决——给自己一个清晰的指引；有计划地生活，每天晚上列出明天要做的练习册的具体页码、要完成的文案、要参加的活动，按照这个计划行事。一套适合自己的方法会让自己更踏实，更有斗志。

人在高中，要承担许多责任。参与学生工作无疑要承担更多的责任——取得优异的成绩，考上理想的大学，是对自己的负责；参与学生工作，履行相应的职责是对信任你的老师和同学负责；参与志愿服务，尽力帮助他人，是对社会负责。面对这些责任，我们要在行动上学习儒家的担当——"是不可以不弘毅"是何等的慷慨，"知其不可而为之"又是何等的悲壮。同时我们又要在思想上学习道家的超脱——"缘督以为经，可以保身，可以全生"，顺随自然，不强求结果。王半山说尽吾志者可以无悔。只要在这人生的征途上披荆斩棘、奋力前行，就对得起青春热血，就无愧于花样年华。

步履匆匆，不忘欣赏路旁的美景；风尘仆仆，不忘高歌心中的志向。一路风景一路歌，练就一身豪气，仗剑行天涯！

> 我们要在行动上学习儒家的担当——"是不可以不弘毅"是何等的慷慨，"知其不可而为之"又是何等的悲壮。同时我们又要在思想上学习道家的超脱——"缘督以为经，可以保身，可以全生"，顺随自然，不强求结果。

> 姓　　名：张　琨
> 录取院系：地球与空间科学学院
> 毕业中学：辽河油田第一高级中学
> 获奖情况：2010年全国高中数学联合竞赛二等奖
> 　　　　　第24届全国高中学生化学竞赛（省级赛区）二等奖
> 　　　　　第27届全国中学生物理竞赛二等奖
> 　　　　　2010年辽宁省高中学生生物学竞赛一等奖
> 　　　　　2009年辽宁省高中学生化学竞赛一等奖

# 我的高中路

　　我，作为一个刚刚从高中毕业的学生，确切地说，已经在应试教育中摸爬滚打了十二年。如今考入北京大学也算是对我之前学习生活的一个回报。

　　可以说，我所认识的同学中没有一个不对当前的教育模式产生这样或那样的不满情绪，当然我也包括在内。就我们高中而言，学生每天早出晚归，从无双休日可言，各种公休日也时有消失，寒暑假公然组织全校规模补课（与平时上学一样），发大量练习册及卷纸（练习册价格远高于校外），微机室只有大扫除时才进去……总之，我们这里山高皇帝远，完全感受不到素质教育的福音，只能对着网络和电视上人大附中等一些名校的资讯流流口水。其实，怎么课改都不会对我们的学习生活产生什么大的影响，反正高考还是那么考，只不过可能多了一些好像是探究式的题型。

　　但是，面对任何事物都有一个态度问题。有这样一句话曾经给我很大震撼："有勇气去改变可以改变的事情，有胸怀去接受不能改变的事情，有智慧去分辨二者的不同。"既然我们改变不了高考，那就应该改变自己面对它的态度，学会适应这种枯燥无味的生活，适应这种考试的模式，适应应试教育。我爸常说："适应也是一种能力，谁能适应谁就胜出，不能适应就注定被淘汰。"所以，我和我的同学练就了一身适应枯燥学习生活的功夫。

我的老师和同学都认为我是个不刻苦的学生，我也这么觉得。一直以来，我对待学习的态度就是：付出我认为值得以及应当付出的，至于结果则不给予太多的关注。因此，我并不会为了提高成绩而疯狂做题，不会为了多做一点题而放弃体活课，更不会为了成绩不理想而过分哀愁。我认为毕竟高中也是人生的一个阶段，我们应该好好地度过它，而不是为了高考放弃了应有的快乐和过程。就这样，我度过了三年轻松愉快的时光。

我把高中的学习生活分为课上、课后校内、校外三段。我在课上如果听课的话，我一定争取完全明白、理解。我觉得这很重要，学知识就是应该"知其然，且知其所以然"，只有明白了真正的道理才能灵活熟练地应用。当然课上也有无聊的部分，有的时候我会不听讲，或者睡觉，或者开小差。但是我是不推荐这种做法的，因为有可能漏掉重点的知识内容。但是如果我上课睡觉了，或者因为各种原因而没听讲，那么我在课后一定问问同学课上讲了什么，或借阅同学的笔记，然后好好做一下这部分的题以确认不会有不明白的。这里要提一下，我觉得上高中一定得搞清楚同学们都擅长什么，有的同学比较认真、笔记比较好，有的同学思路总是比较快或者比较新颖，有的同学解题能力特别强，也有的同学特别会讲题等等，我们要学会充分地利用自己的人际关系，发挥各个同学的特长，互补地来学习。我觉得如果只是个别部分没有听到课，是不需要太担心的，也不会有太大问题。但是如果有大部分都没听，那么解决起来就很有困难了。因此，上课最好认真听讲，有余力的同学可以做好笔记，但是如果课堂跟上老师的思路有困难的话，千万不要为了记笔记而放弃了思考，课上应该是思考最重要，记笔记则是其次的。

我见到有些同学有些科目，多是物理或数学，笔记记得非常好但是该科目却学得很糟，甚至根本不开窍。我认为这是典型的本末倒置，对于学习而言，思考应该是本，而笔记只是末而已，本末倒置会导致事倍功半的后果，也就是光用力、不做功或者只是很少的功！

然后是课后的时间，作为一个不太用功的学生，我对这部分时间利用得不好，确切地说，我从没想过在这段时间内拼命地学。我一直把学习当做一个顺其自然的事，如果太执著于此，我觉得是在人为地增加困难，并且自己营造上限。我总是感觉人的生命有着个各种各样的可能，可以说人应该有机会开发出自己的潜能，只要多想多思考，就算不是特别用功也可以获得不错的结果。我认为题海战术只是不得已而为之的做法，但凡有其他希望就不应该采取这个下策。因此，我并不特别夸大作业的重要性。每天我都是先写需要收的作业，再根据自己的兴趣和需要选择性地做一些题，而对于其余没写完的作业并不感觉到羞愧。我觉得只要将一个知识点彻底领悟，即使不做很多的题也无所谓。很多时候我们很强调方法和思想，其实这是真的很重要的。有时候掌握了解题的原则、思想、方法后，碰到没见过的题再加上些随机应变的功夫就可以轻松解决。我就很不愿意写数学作业，因为量太大而且重复性很强。其实当你觉得作业很无聊的时候，往往它的重复性就很强。如果你觉得自己的记忆力和理解力足够的话，这种情况下你就可以自主安排了。虽然我说作业可以选择性地做，但我从不认为作业可以糊弄着做。我的做法是要么不做，要么就不白做！我一向是不赞成抄作业或糊弄作业，即使是老师要收的情况下，我宁可承认没做也不白白地浪费教育资源。其实老师也明白学生的负担有多重，如果作业确实多的话，老师一般是会体谅学生的。而如果有的题我觉得很不错，可是没有时间做，我一定记下来，等到复习或者有时间的时候再好好品尝一下。总之，在量与质孰轻孰重的问题上，我的立场是应该在保证质的基础上追求量。不过一般来讲，只要质足够好，不用达到很大量就可以轻松地拿下某个知识点。当然，课后的时间也不能都用来学习，否则就走极端了。我认为无论怎样的极端都是走不得的。在课后适当的放松是绝对必要的，尤其是适当地运动。在高中阶段进行体育锻炼，我认为有很大的好处：第一，可以增强体质以应对繁重的课业量；第二，可以放松心情、释放压力以提升学习效率；第三，可以休息大脑以便在其余时间使大脑处于一种清醒状态；第四，为大学做准备；第五，借一些集体运动来促进同学之间的感情。有的同学总是认为应该抓紧一切时间来学习、来做题，可是我认为这是不对的。适当的休息可以让我们更有效率地学习，而有效率的学习才是理想的学习状态。有的时候在课间散散步或者和同学唠唠嗑，而不是抢时间多做几道题，在整体上获得的比后者更多。

其实，每个人都是世界上独一无二的个体，世界上不存在两个完全相同的人。因此，适合每个人的方法也就不会相同。我相信，只有我们自己才能真正发现适合自己的路。我从不相信盲从能带来完美的结果，何况什么是适合自己的是早晚要弄清楚的事情。不断地摸索、寻找，然后找到真正适合自己的，这是一个过程，更是一个必经的过程。我一直觉得学习可以是轻松的，也应该是轻松的，但是轻松建立在有适合的方法上，一旦找到了合适的方法，我们就可以轻轻松松得到满意的结果。可是如果方向不对而却一味地蛮用力，恐怕大概会是白做功啊！我从没听说有人就靠死学获得什么卓越的成就，但是轻松地学习就达到不错的成绩的，可以说我就是一个典型例子。因此，我希望大家都能准确地找到自己的方法，并且轻松快乐地学习。

除了对课本的学习，我觉得学习竞赛方面的知识对我的影响也非常大。在高中阶段我主要学习过竞赛数学和竞赛化学，我也看过一些竞赛物理和生物方面的内容。还记得高一的时候学校组织选拔这方面的人才，当时有数学和化学的摸底考试。考数学的时候，我发烧了，再加上本来就不是强项，因此数学的选拔并没有通过。可是在考化学的时候，我很惊人地考了第一名，而且很意外地打破了出题老师没有80分以上的预言。当时化学老师信誓旦旦地对我和班主任说我是竞赛型选手。当时，我可以毫不犹豫地说我很动心。后来，由于数学班的人数比较少，老师也让我去听听看。这样我就开始了两门竞赛学科的学习。说是学，其实也并没有怎么学。主要是每周上一至两次课，平时又忙于正常的学习，没时间兼顾竞赛，这样竞赛学习就被间隔开很长时间，效果自然就不是很好。当时，我想我不是那种做事特别快的人，平常写作业就已经很慢，经常写不完，那么我就没有余力来兼顾竞赛，如果要把高考和竞赛分个主次的话，我把高考定位成主。于是，我就不太在意竞赛的学习了。但是尽管关注得较少，竞赛的学习对我的正常学习产生了很深远的影响。学奥数使我思维更加活跃，思路更加开阔，更加见识了许多有趣的问题，使我对数学产生了更为浓厚的兴趣。而奥化的学习使我获得了更多的知识，对化学的理解更为深入，使我学习化学变得游刃有余。虽然我并没有很努力地去学那些，但是仅凭临考前一个月的突击就拿了省级二等奖的成绩，尽管成绩不高，但还是证明了老师的看法是正确的。可是，任何事物有两方面。正是因为态度的摆正，学习竞赛知识并没有影响到我的高考。就这一点，我还是一点都不遗憾的。

　　高中阶段我还参加过一个对我比较重要的东西——自主招生。当时，我的好奇心比较旺盛，报考了很多。后来，我因为平时成绩比较好得到了北京大学自主招生的校荐资格，顺利通过北京大学自主招生初审，进入到笔试阶段。我有一些竞赛的底子，再加上语文和英语还算不错，勉强通过了分数线。但是我还是感觉自己的水平和这所学校有很大差距。因为我考试的时候英语前三十道是单选，可是我要么是四个选项都不认识，要么是四个里面只认识一个，而这个还是错的，这三十道题里我真正会的只有一道。由于我笔试分数比较低，我便下决心搞好面试。当时我做了很多准备，可以说，面试还是比较顺利的，可是最终出来的结果却令我十分失望。自主招生成绩笔试占百分之八十，面试只占百分之二十，虽然我面试的成绩还不错，可还是改变不了我的排名。最终，我获得了降五分的优惠。后来，我收到一个通知，说是可以签某些学院的自主招生以获得二十分的降分。其实，我对这种政策很不满，但是由于我生长在油田，又在斟酌后发现"地空"这个院不错，就签了这个院的自主招生。后来，高考后就报了这个学院，不过我的分数其实超过了录取分数线五分，很多人都为我本可以录取到不错的院系而惋惜。不过我知道，这种结果是我早就想过的，我没有后悔。我一直觉得自主招生是我国高校招生的一大进步，它在某种程度上削弱了"一考定终身"的影响力。但是，有的学校靠自主招生来填补一些冷门专业报考人数空缺的做法，我是不赞同的。我有很多同学都陷入其中，也都表示深深的不满。不过，有自主招生的制度已经是高考改革的一大进步，可以说是一座里程碑。

有很多人知道我考上北大就觉得我十分强大，其实，通过竞赛和自主招生，我知道我只是弱者。我认为人能意识到自己的强大很重要，同时，人能认识到自己的弱小就更重要了。这样，我们才能有追求，我们才能不止步，我们才能有明天！

> 每个人都是世界上独一无二的个体，因此，适合每个人的方法也就不会相同。我相信，只有我们自己才能真正发现适合自己的路。我从不相信盲从能带来完美的结果，何况什么是适合自己的是早晚要弄清楚的事情。

姓　　名：武振强
录取院系：化学与分子工程学院
毕业中学：甘肃省西北师范大学附属中学
获奖情况：2009年全国数学竞赛省级一等奖
　　　　　2009年全国物理竞赛省级二等奖
　　　　　2009年中国西部数学竞赛铜牌
　　　　　2010年全国数学竞赛省级一等奖
　　　　　2010年全国物理竞赛省级二等奖
　　　　　2010年全国化学竞赛省级一等奖
　　　　　2010年全国化学竞赛国家级二等奖
　　　　　2010年"联盟杯"数学竞赛银牌

# 心　态

我看过这样一篇文章，上面写着：如果让A、B、C、D等于1、2、3、4，其余的依次类推。那么，Hard work（努力工作）＝H＋A＋R＋D＋W＋O＋R＋K＝8＋1＋18＋4＋23＋15＋18＋11＝98，Knowledge（知识）＝K＋N＋O＋W＋L＋E＋D＋G＋E＝11＋14＋15＋23＋12＋5＋4＋7＋5＝96，Love（爱情）＝L＋O＋V＋E＝12＋15＋22＋5＝54，Money（金钱）＝M＋O＋N＋E＋Y＝13＋15＋14＋5＋25＝72，Leadership（领导能力）＝L＋E＋A＋D＋E＋R＋S＋H＋I＋P＝12＋5＋1＋4＋5＋18＋19＋9＋16＝89……而只有ATTITUDE（心态）＝A＋T＋T＋I＋T＋U＋D＋E＝1＋20＋20＋9＋20＋21＋4＋5＝100。或许，这只是一个巧合，但对于每一个人的生活，心态的确是最重要的东西。

## 学习的心态

有一个孩子,从小就渴望超过自己的同桌,但是每一次考试结束他的愿望都没有实现。又一次考试结束了,结果依旧。孩子问他的妈妈:"妈妈,我是不是永远超不过我的同桌了?"妈妈没有直接回答他,而是讲了一个故事:"孩子,你看那些麻雀只要挥挥翅膀就能飞向蓝天,而海边的海鸥却要很努力地助跑、很吃力地挥翅才能飞起来。但是飞越大海的却是那看似笨拙的海鸥。"从此,那个孩子用平和的心态面对学习和名次,最后成为了他的母校最著名的校友。

学习成绩的好与坏,自然与是否努力和方法是否得当紧密相关,但我们经常忽略掉一个很重要的因素,就是心态。心态平和,学习自然会轻松许多,而且事半功倍;心态急躁,学习将变得苦不堪言,效果也会不尽如人意。

学习不应该是功利性的任务,而应该是为了满足自己内心中对知识的渴望,跟随自己的兴趣不断探索的过程。学习的目的不应该是去争夺虚幻的第一,而应该是真实地充实自己的大脑、满足自己心中对知识的渴望。

有不少同学背着"第一"这个沉重的包袱去学习,心理压力大了,自然心态急躁,难以全身心地投入学习中,学习效果当然不如意。有人会问:"不去争夺第一,难道不是上进心不足吗?"当然不是!扔掉"第一"这个包袱,是为了更好地上进。真正的上进心不是与别人争夺第一,而是挑战自己、战胜自己。体现在学习上,就是充实自己,不断探索。不要让"第一"这个虚幻的荣誉打乱我们平和的心境,只有当我们以平静的心态,让自己喜欢上学习,才能真正体会到知识带给我们的喜悦,也才能在喜悦中更好的学习。扔掉包袱,轻松学习,才能更好地挑战自我。

但是从另一个方面而言,争夺第一能更好地激发自己内在的潜力。有了"第一"这个目标，我们学习时会更有动力，成功时会更有喜悦感。"第一"这个目标不断激励着自己，我们就会更加不轻言放弃，才能在挑战自我这条道路上走得更加坚毅。

总而言之，我们需要"第一"这个压力激励自己，但又不能被"第一"这个包袱压迫自己。心态平和，斗志昂扬，才能在学习上"更高、更快、更强"。

## 课外活动的心态

初中的时候，我和同学们试着去自排自导自演了一个音乐剧。虽然最后因为种种原因没有完成，也没有演出，但是我们收获了值得珍惜一生的友谊和经历。我们虽然为这个音乐剧付出了很多时间和精力，但是没有一个人因为音乐剧落下了学习。

老师和家长经常会对我们说："学习是一个学生的主要任务。"但我想说："学习不是一个学生的全部任务。"我们的确应该把大部分的精力和时间放在学习上，但也不能把百分之百的时间用来学习。如果只知道学习，不但不会学得很出色，而且也会失去属于我们这个年龄的乐趣。

如果生活中只剩下了学习，那么就没有时间转换思维，放松我们的大脑。思维将变得死板，大脑将变得僵硬。杂乱的知识将占据大脑的每一个角落，我们会发现已经没有空间再接纳新的知识了。只有当我们腾出时间整理大脑这个房间，并且好好打扮它，才会发现"房间"是如此之大、如此漂亮，学习是如此愉悦。

生命需要的养料不仅仅是书本上的知识，还有与人交往的处世之道，他人给予的纯真感情，以及缤纷多彩的人生经历等。缺失任意一样，我们的生命都不会完美。如果只用知识去浇灌生命之花，那我们得到的可能只是一株瘦弱的、没有生气、没有色彩的生命之树。处世之道让这棵树懂得该向何处生长，纯真感情让这棵树变得强壮、生气勃勃,人生经历让这棵树开满缤纷的花朵。丰富多彩的课外活动,教会我们课本上学不到的知识。我们的青春应该像彩虹一样绚丽多彩,而不应该被课本占据整个空间。

课外活动会让我们适度休息一下大脑,从而迎来更好的学习状态,也会让我们得到一个充满色彩、充满美好回忆的青春。

## 面对挫折的心态

非洲平原上有一种鹰,被誉为"飞得最高的鹰",而这个荣誉的背后隐藏的是雏鹰艰辛的成长过程。当雏鹰将要开始学习飞翔的时候,母鹰将会把雏鹰的翅膀都折断,然后把它们扔下悬崖,只有那些不畏剧痛、敢于振翅的雏鹰才能生存下来。但是当生存下来的雏鹰翅膀刚刚长好的时候,母鹰又会无情地折断它们的翅膀把它们扔下悬崖。只有当雏鹰一次又一次地克服了这样的困难,才能翱翔在广阔的天空。据说有一个猎人曾偷偷地把一只雏鹰带回了家,细心地照顾着它。结果当它长大之后,翅膀变得无比庞大,而巨大的翅膀已不是它翱翔天空的利器,而是它起飞的障碍。

我们的成长也是一样的,只有当一次又一次的挫折不断历练我们的翅膀,翅膀才能变得坚强有力,才能成为我们飞向成功的武器。而如果我们不断拒绝挫折、逃避挫折,我们的翅膀将变得庞大无力,反而阻碍了我们在人生路上的前进。

挫折是每一个人成长必须经历的,我们不应该惧怕。挫折是很胆小的,它只会欺负弱者,当我们变得强大、变得勇敢的时候,它就会远远地躲开我们。但有时人的心灵是很脆弱的,当挫折一次又一次向我们袭来的时候,心底里的无力和无助会源源不断地涌上心头。我们将变得胆小,我们将不断逃避。这时,我们需要用尽一切的力量直视挫折,在一次又一次的挫折中挺起胸膛,勇敢地前进。只有这样,我们才能打败挫折,才能在挫折中得到历练,才能变得更加坚强、更加强壮。只有勇于直视挫折，我们才不会因为挫折带来的疼痛一蹶不振；只有敢于直视挫折，我们才会敢于击败挫折；只有习惯直视挫折，我们才会变得无比坚强、战无不胜。

没有经历过挫折的人生是不完美的。对于每一个人而言，挫折是迟早会来临的。所以不要有逃避挫折的想法，我们要每一天都斗志昂扬，每一天都作好迎接挫折的准备。只有如此，才不会在挫折来临时手忙脚乱。而当我们在与挫折斗争时，要坚信当这场暴风雨过去后，迎接我们的将是拥有彩虹的蓝天。

面对挫折，不畏惧，不急躁，平静地告诉自己："要勇敢，我可以的！"

## 面对荣誉的心态

有些人得了荣誉，沾沾自喜，从此不思进取，结果一事无成；有些人得了荣誉，总害怕下次失去，成天战战兢兢，结果浪费了大好时光；有些人得了荣誉，开始希望一切荣誉全部属于自己，从此不择手段，结果人生变得扭曲；有些人得了荣誉，心理压力突然剧增，内心慌慌张张，结果难以静下心来继续进步。

居里夫人既不求名也不求利，她一生获得荣誉无数，却毫不在意。有一天，她的一位朋友来她家做客，忽然看见她的小女儿正在玩她刚刚得到的一枚金质奖章，于是惊讶地问："夫人，得到一枚英国皇家学会的奖章，这是极高的荣誉，你怎么能给孩子玩呢？"居里夫人笑了笑说："我是想让孩子从小就知道，荣誉就像玩具，只能玩玩而已，绝不能看得太重，否则就将一事无成。"

对于我们这些学生而言，荣誉是每个人都渴望的。得到了一点小小的荣誉，我们都会开心很长很长时间。而这时，我们心里必须清楚：荣誉只是已经划过天空的流星，是已经绽放过的烟火，是已经凋谢的花朵。荣誉在漫漫人生路上只是过眼云烟，更重要的是未来美丽的风景,是当下奋斗的精彩。我们应该平静地看着流星的璀璨、烟火的绚丽,在它们成为过去时后,平和地低下头来,继续向前走。

当我们拼尽全力,但荣誉迟迟不肯到来的时候,不要自暴自弃,要坚信只要经历过了这些考验,终将会迎来海阔天空的一天。我们还要明白,荣誉不是最重要的,最重要的是经历了绚丽的人生,拥有了属于自己的知识。

当荣誉突然袭来时,我们难免会受宠若惊,难免会兴奋骄傲。这时,就要不断地告诫自己:荣誉只不过是过去的象征,而属于我们的是现在、是未来;荣誉只不过是虚幻的一个名称,而属于我们的是实实在在的知识和能力;荣誉只不过是过眼的云烟,而属于我们的是平和的奋斗。

当我们已经习惯荣誉时,我们不能沉迷在荣誉带来的快感中,更不能松懈我们的神经、涣散我们的斗志。我们要明白,荣誉不属于没有做好准备的人,荣誉只属于不断地奋斗、平和地面对一切的人。

荣誉只代表着过去,我们应该脚踏实地,平静地着眼未来。

## 面对压力的心态

从小到大,我们的压力变得越来越大。小学的时候,我们无所顾忌地与小朋友们玩耍;初中的时候,我们开开心心地与朋友学习;高中的时候,我们为了升学不断努力地学习。我们感觉学业越来越重,欢乐越来越少,压力越来越大。

家长们老说:"有了压力,才有动力。"没错,一个人如果没有了压力,就容易失去危机感,也就失去了前进的动力。但是当肩上的压力太大,并且还没有调整好自己的心态时,那么不仅不会有源源不断的前进动力,而且还会因为压力丧失前进的信心。当然,我们不能控制外界给我们多大的压力,但可以控制给自己多大的压力,还可以调整自己的心态,让自己更好地承担肩上的压力。

其实,我们肩上的压力有一部分是自己给的,比如上进心带来的压力,虚荣心带来的负担等。我们心中会有个疑问:"自己应不应该给自己压力?"可以肯定的一点是:适当的压力是必需的。在外界压力很小的时候,我们就需要给自己一些压力,让自己保持积极向上的精神状态,保持住心中的紧迫感。而当感觉到外界已经带来了很大的压力,那我们就要给自己放放假,让自己的心灵稍微轻松一下,这样才能更好地乐观面对生活,并且保持住我们的自信心和上进心。

无论外界带来的压力是小是大,无论自己给自己的压力是多是少,我们面对压力都需要平和下来。只有心态平和,我们才能知道自己应该怎么去坦然地面对压力;只有心态平和,我们才能勇敢地扛起压力,不被压垮;只有心态平和,我们才能在压力重重时步履轻松地在人生路上大步前进。

## 参与竞赛的心态

竞赛,是一次对我们大脑的很好的开发,是对我们的学业甚至人生都很有帮助的一次活动。但是在参加竞赛的时候,我觉得必须要调整好心态,这样才能让我们最大限度感受到竞赛带来的知识和乐趣。

竞赛是对大脑的深度开发,是对知识的无尽探索。我们不能将竞赛仅仅看做获得奖项的工具,功利地参与竞赛。而应该将它看做一种乐趣,看做与知识进行的一场赛跑,与自己进行的一场挑战。

对于竞赛,我们应该以平和的心态参与其中,去感受知识带来的乐趣,去勇敢地挑战自己。我们从竞赛中真正得到的,不是获得了几个一等奖,也不是拿到了铜牌、银牌抑或是金牌。我们得到的,是一次多彩绚烂的人生经历，是一次充满考验的心灵历练，是一次与强者的华山论剑，是一次与知识的艰难比赛，更是一次充满了汗水、泪水、欢笑的美好回忆。参加竞赛，不要去在乎名次、奖牌上的得失，我们应该在乎的是是否真正从竞赛中找到了属于自己的乐趣，属于自己的知识和回忆。

奥林匹克的精神是"更高，更快，更强"。竞赛也一样，只有我们战胜了自己，只有我们变得"更高，更快，更强"，只有我们平和地看待自己荣誉的得失，我们才能真正明白竞赛的真谛。

人生在世，难免遭遇种种扰乱心灵的事情。但我们只要平和地看待一切，就不会迷失心灵，迷失方向，就会坦然地面对世事的纷繁变化，就会坚毅地向着未来前进。让心灵平和下来吧，未来的道路将会清晰，雨后的彩虹将会到来！

> 适当的压力是必需的。在外界压力很小的时候，我们就需要给自己一些压力，让自己保持积极向上的精神状态，保持住心中的紧迫感。而当感觉到外界已经带来了很大的压力，那我们就要给自己放放假，让自己的心灵稍微轻松一下，这样才能更好地乐观面对生活。

姓　　名：丁洁琼
录取院系：法学院
毕业中学：海南省海南中学

# 战略加态度　为梦想插上翅膀

以前一直是坐在下面跟大家一样听学长学姐们在台上滔滔不绝，现在突然变成自己讲了，感觉很诡异。开始准备的时候还真不知道要讲啥，一想想自己既然可以在这里跟学弟学妹分享经验，从某种意义上来说证明我在高考这件事上小小地成功了。既然每个成功都是有理由的那我的理由又是什么呢？

这个问题我想了很久，最后总结了一下，如果硬要说理由的话也就两个：一战略，二态度。

先说战略。很多人把高考比做一场没有硝烟的战争，有所不同的是你既是运筹帷幄的大将军又是冲锋陷阵的小兵，因为这毕竟是你的战斗。制定战略其实很简单，三步：了解自己——确立目标——思考如何实现目标。

就拿我自己来说吧，刚上高三的时候我就想了：我兢兢业业学了这么多年了，高考怎么着也得上800分吧，不然也太对不起自己了。如果我的目标是800分那我该怎样实现呢？根据老师和学姐学长们的介绍至少得有一两科单科成绩过800分，语数英三科里我数学比较好，语文也不错，不过不太稳定，作文有很大提升空间，英语稍微差点。政史地三科里我认为我历史学得最好，虽然在高三刚开始那段考得一直不好，但我从来没怀疑过我对历史的热情和能力。地理跟语文的状况差不多，对政治的兴趣不大。根据自己的情况，最后我确定了我的战略，用表格表示如下：

| 科目 | 目标（单科） | 要求 |
| --- | --- | --- |
| 数学　历史 | 保证过 800 分 | 最严格的训练<br>不放过任何细节知识点 |
| 语文　地理 | 后备 800 分以防前两科万一失手 | 跟随老师复习外着力提高薄弱模块薄弱题型 |
| 英语　政治 | 保证 700 分以上不拖后腿 | 重点突破解题方法和技巧以不变应万变 |

这样一来就很明确了，尤其越复习到后面战略的优势就越明显。它让你有方向，不会慌乱。

最后高考的结果证明我的战略还是不错的。历史不仅很争气地过了 800 分，还超过了很多。数学失手了，但语文过了，应该是作文得分比较高，所以两科过 800 分，其他科都稳定在 750 分左右，就有了 855 分的总分加上 39 分的会考总成绩，还算是让人满意也算是意料之中。

所以大家在了解自己的基础上明确自己的起点，再明确自己的目标，至于从起点走到终点，你是爬着去、走着去、跑着去，还是搭车去都可以！也就是说其中每一科都有很多很多学习方法，黑猫、白猫抓到老鼠的就是好猫。也就是说没有所谓最好的学习方法只有最适合的。当然我们强调是正当手段，作弊等方式就好比服用兴奋剂，其结果一定是立即滚蛋不能重来！

## 第二点　态度

其实很多时候，我们把它等同为一种态度——对待学习的态度，对待高三的态度，对待高考的态度，对待身边的人的态度，甚至对诗生活的态度。

高手在高考中失手了，很多人会说"人品问题"，黑马在高考中超水平发挥，我们会惊叹"人品爆发"，其实这并不是没有道理的。

积攒好的人品其实也很简单。

首先，对得起自己。

该学习的时候绝对不偷懒，要专注，要有效率，能用十分钟背下的东西绝不花十一分钟，用剩下那一分钟伸个懒腰或看一眼别的，都比无谓地浪费要好得多。该睡的时候就好好睡，该玩的时候就一定要玩；该吃的时候就一定要吃。高三说白了也没什么大不了的，不就是念一年书嘛！不要一味地给自己压力，把弦绷得紧紧，把身体搞垮了，自己隔绝得像世外高人一样。

我一直觉得天大地大，快乐最大。如果为了分数要放弃快乐，为了高考的结果要放弃高三这一年的酸甜苦辣的美妙人生，那才是因小失大得不偿失。当时我们班体育课是全年级上得最勤的，直到学校高考前一个月体育课停课以后，不给借器材了，家长和班主任还给我们买长绳活动。因为我们都觉得通过高三的经历培养健全的人格远比多考几十分重要得多。在压力面前，只有能放得开才能提得起。

其次，对得起爱你的和你爱的人。

比如说父母、老师。不要因为是高三毕业生就可以无法无天，对他们呼之即来，挥之即去。因为高三，他们也许会宽容你，会放松对你的管束，因为他们爱你、关心你不想给你太多压力，更不想让你把他们的爱变成负担，更因为他们相信你有一个高三学生应有的自制能力和自主能力。

再比如说，朋友。你不是一个人在战斗，竞争虽然激烈，但朋友毕竟是朋友不是敌人。同学之间互相帮助，讨论学习、生活上的事情，共同进步才是最好的结果。不要吝啬你的时间，高考只是人生的一个必经环节，而友谊是一辈子的。

俗话说"人在做，天在看"，虽然有点唯心，但你的努力，老师从答卷上看得到，你的关心，身边的人从言行举止中感受得到，付出与收获永远是成正比的,只要你不放弃,老天有什么理由放弃你?当你最终坐在高考考场中,回首这一年的风雨:该做的,我都做了,对得起这一年的每一分每一秒,对得起过去的未来的自己,现在只是把我的所知、所学、所思、所想最大限度地呈现在考卷上而已,不管结果如何,没有紧张,没有害怕,坦然一笑,无怨无悔。

大家,加油!

> 很多人把高考比做一场没有硝烟的战争,有所不同的是你既是运筹帷幄的大将军又是冲锋陷阵的小兵,因为这毕竟是你的战斗。

姓　　名：杨晓夫
录取院系：法学院
毕业中学：黑龙江省佳木斯市第一中学
获奖情况：2008年全国中学生英语能力竞赛高一年级组全国一等奖
　　　　　2009年全国中学生英语能力竞赛高二年级组全国一等奖
　　　　　2010年全国中学生英语能力竞赛高三年级组全国三等奖
　　　　　2009年全国数学联赛省赛区三等奖
　　　　　2009年黑龙江省省级三好学生
　　　　　2009年中国地理学会"地球小博士"全国二等奖

# 一步一步，走向云端

　　三年的高中生活如白驹过隙，转瞬即逝。三毛说，人之所以悲哀，是因为我们留不住岁月，更无法不承认，青春，有一日是要这么自然地消失过去。而人之可贵，也在于我们因着时光环境的改变，在生活上得到长进。岁月的流逝固然是无可奈何，而人的逐渐蜕变，却又脱不出时光的力量。

　　的确，三年的磨砺，让我成熟，自信，更让我考入了理想的大学。我并非自诩为一个多么出类拔萃的人，我在这里想和你们分享的，只是一纸属于我的经历。对于同样怀着北大梦的读者，我所述的可能并非所谓的"高考秘籍"，只是曾经留下的经验，希望提醒你；曾经激励过我的话，也想同样激励你。

　　对于高中生，主业自然是学习，我不认为高中学习生活是制度或他人施予我们的重负，而是助我们飞跃的跳板，关键在于如何利用，如何面对。我很欣赏一句话："这个世界上没有不会学习的人，只是有一些人没有找到适合自己的学习方法。"在学习中，我们要时时做到：以自己为准绳，以他人为目标，认清自己，坦然面对成绩的得失，不断地自我提升，自我调整，自我修正，自我快乐。在三年的学习中，我总结了很有用的十条原则。

## 原则一　落实基础

基础的厚重程度很大程度上决定了知识大厦的高度。尤其是高一时，基础知识显得尤为重要。对高中生活的迷茫、好奇，甚至自身的不够成熟，会使一些同学在高一时没有夯实基础知识，到了高三又后悔不迭。所以高一时要将数语外三科夯实，把它们变成优势学科。我自己在这方面深有体会，高一时我的数学由于练习很少，所以在第一学期末的考试中只得了86分，没有及格，经过努力，后来的高考中取得了150分的成绩。另外，一些文科生在高一时没有确定是否学文而忽略了政史地的学习，以至于基本史实都不清晰，这对于后续文科思维的培养是极为不利的。

## 原则二　计划

大到人生规划，小到每天的学习计划。所谓"一年之计在于春，一日之计在于晨"，有计划的生活才能做到高效率。有计划的生活前提是要认识自己，认识自己的优势与不足，合理安排时间。有一个明确的目标激励自己，有一个切实可行的计划助你向着目标前进。我建议每天的学习应该有自己的内容，学校的作业毕竟是针对大部分学生的，每个人都应该根据自己的实际情况，制定一些自己的内容。比如英语的专项训练、数学的题型总结，以及语文的积累等，都要拿出大块时间认真做。只有这样将学到的知识真正变成自己的，才能做到灵活运用，熟能生巧。

## 原则三　系统化

使问题系统化就是要把同类的、相关的问题归结到一起。通过比较，找共性，找联系，也找各自的特殊性。建议对每一科都做总结，总结不是笔记，不是做老师的小秘书——把老师上课所讲的内容一字不落地记下来，而是走过一段学习征途之后，居高临下，高屋建瓴地对所学的知识进行编织成网，归纳成条。

数学的总结主要是题型，比如导数分最值、极值等题型。对于数学高手来说，应该做到每一类知识都能知道可以分哪些题型，有哪些方法，陷阱一般会设在什么地方。将近三年的高考题做一遍，仔细研究每一部分知识高考通常以哪些形式考察，摸清规律，找出共性，不走弯路。不要认为这些工作是老师应该做的，只有自己亲自动手才能将其变为自己的。

语文应注意总结字音、字形、成语、病句，还有好句好段，找一个专门的本子，记下做题时不熟的小知识，也可以看看基础知识手册。重要的是要积累一些作文素材，可以分类整理三五十个，随时更换，保持素材的新鲜度。注意素材的多角度性，一个人物素材用熟了是可以多角度使用的。

英语的语言点很重要，在做阅读完形训练的时候，也注意将陌生但出现频率很高的语言点积累下来，专门拿一个便携小本，时常翻看。

## 原则四　打破砂锅问到底

学习中要发扬求索精神，凡事多问为什么，只有弄清楚源头，才能真正明白一些知识。学习切忌不懂装懂，那样既自欺又欺人。永远不要因为好面子而不好意思问一些看似很简单的问题，很简单的问题可能正暴露出一些重要的方法或思想没有掌握。但是不可以钻牛角尖,这个度要把握好。在自己主动的探索中会理解很多课堂上领会不到的东西,而且也能掌握得更扎实。

## 原则五　自信

我说的自信是真正的自信,不骗别人,不骗自己。自信源于实力,这是芮成钢说的。的确,这是一个良性循环。既要相信自己现在的实力,又要相信自己通过努力能够取得的进步。能自信,才能有发愤忘食、孜孜以求的内在支撑;能自信,才能有临渊不惊、临危不乱的英雄本色。能自信,才能有知难而进的斗士勇气。能自信才能对未来充满信心,能自信才能有未来,能自信方能自强。

## 原则六　效率

讲效率有两层含义:一是不做不惜工本的事,二是做省时省力的事。我们常说的动作快是讲效率,有条理也是讲效率,计划得当也可以提高效率。有些事,稍稍改变做事的态度或方法,也许就会效率倍增。在提高效率的路上,能牵着时间走的人就是赢家。很多时候,我们讲买东西的"性价比",现在又有了"乐价比"。做事情也讲究时间与效果的比,只有自己知道什么事情对自己是有价值的。将任务分为A、B两类,将针对自己弱点、有的放矢的设为A类,优先完成。这就是在繁忙的学习任务中,提高效率的好方法。

## 原则七 毅力

　　因为年轻,所以冲劲必不可少,要有越过困难的勇气和信心。这三年的征程,其实是对意志品质的考验,毕竟笑到最后的才会是赢家。毅力是成功的基石。居里夫人曾经说过:"一个人没有毅力,将一事无成。"而"说一套,做一套"的人,永远都不可能取得成功,只有言行一致,朝着目标坚持不懈地去奋斗,去追求,才会有所收获。顽强的毅力无往而不胜。任何一个有着坚强毅力的人,都不会光想而不做,不会被困难和挫折吓倒。环法自行车赛3000多公里,自行车手们就是凭着顽强的毅力,忍痛耐饥,骑完全程。很多时候,我们较量的已不是知识储备与能力,而是意志力。

## 原则八 交流

　　大家永远要记得,你不是一个人在战斗,老师、父母、同学都是你的后盾。记得高中课本上的"拿来主义",在平时的学习生活中要注意和别人交流,相互之间的思想碰撞会产生出难以想象的火花。也只有在交流中,也许"说者无心,听者有意"的一句话,就会在你的心里产生波澜,从而给你启发。学会与他人沟通交流,共同进步,共同向上。如果一个人的力量太单薄,那就让我们把年轻又坚强的手臂,紧紧地挽在一起。

## 原则九 积累

　　学习如春起之苗,不见其增,日有所长;辍学如磨刀之石,不见其损,日有所亡。积累是第一步,学习最重要的是要学以致用。知识的运用是一个熟能生巧的过程,心浮气躁是不行的,积累就需要踏踏实实，不懈努力。只有储备够了材料，高楼的拔地而起才指日可待。伟大的成绩和辛勤劳动是成正比例的，有一分劳动就有一分收获，日积月累，从少到多，奇迹就可以创造出来。很多同学抱怨没有时间看书，都要应付学校的作业。据说美国当代最伟大的内科医生威廉·奥斯罗每天阅读15分钟，这样每年阅读200本书。这使他不仅在医学上知识渊博，也满腹经纶文学素质良好。

学习是一次独立的行动，需要探索，琢磨，积极应战，顽强应战。艰辛由你独自承担，胜利，也由你独自争取。学习，重要的是要耐得住寂寞。学习不要用感情，要用理智，用逻辑思维分析你行动的目的和本质，看清你是在哗众取宠还是在真的做事业。"意志倒下的时候/生命也就不再屹立/歪歪斜斜的身影/又怎耐得秋叶萧瑟/晚来风急？"这三年的路，绝不会一帆风顺，一马平川，要一直保持积极的心态，饱满的情绪，没有人会总赢，也没有人会总输。只要一直心怀最美丽的初衷，就一定会"山登绝顶我为峰"！

学习是生活的一部分，但生活中不能只有学习，要参加活动，在活动中感受团结，锻炼能力。我在校期间，参加了校学生会，任编辑部部长，是校刊《星光》的主编。还组织过大型的诗剧会《走向复兴》，并在毕业以后，最后为母校奉献了一份礼物，就是我们2011级的"优秀毕业生奖励大会"。这些活动，基本都是我们学生策划，组织，老师们最后把关，给我们很中肯的建议。我深深地庆幸自己参加过这些活动，通过这些活动，我磨砺了自己的性格，更认识了许多有能力又不计辛劳的朋友，我从他们身上学到了很多。我也感谢曾经与我有过思想碰撞的老师，感谢他们曾经的指导。我永远记得我们因为一篇文章而争得面红耳赤；记得我们凌晨一点，还在网上排版，校稿；记得我们冒着29度的高温，到商业街拉赞助；记得我们用休息日排练话剧，时长90分钟，六幕，调用了近一百人……所有的这些，教会我什么叫团结，什么叫担当。因为这些经历，我学会感恩，学会奉献；因为它们，我成熟，而且能力渐长。

活动是一个大讲堂，其间遇到的形形色色的人和困难，打退我的眼泪，让我坚强。

我从来都认为，参加活动耽误的是时间，而不会是学习。完全可以让自己的学习更有效率。我在参与活动中，总结出了许多独到实用的学习技巧。

数学：重视错题。错题本是个宝，数学题无限，但题型有限。通过积累错题，把自己易错的题型总结出来，这是独属于你自己的宝藏，这会在最后复习的时候省时省力。如果时间紧来不及整理的话，可以把一些很重要的卷子留着时常翻看。或者和要好的同学约好，做不同的练习册，然后看对方的错题。这样互相借鉴，互相吸取对方的教训。

英语：重视单词。在高中期间可以把四级词汇掌握，平时多读地道的英文文章，培养语感。给大家推荐一本很好的书《最美丽的英文》，里面都是短小精悍的地道美文，很适合高中生阅读。

语文：语文一定要跟住第一轮复习，第一轮时的复习落实基础知识，而且要跟住老师对经典高考题所进行的分析，对于这样主观性很强的学科，思维与语言表达很重要。想做到和答案一模一样几乎不可能，所以第一轮复习时必须训练自己的思维与语言表达能力，这样语文才会提高。另外语文要重视作文，虽然高考作文有一些潜在的模式，但也要有自己的思想和个性，这样的作文才能在立意上高出一截。建议大家多看一些好的文章，哲理类的，感悟类的，像毕淑敏、迟子建、刘墉、周国平的都很好。可以适当在作文中引用，但不要盲目模仿这些人的风格，要形成自己的思想，尽管稚嫩，也不可老气横秋，无病呻吟。

历史：历史的知识面很重要，对于一些史实的理解，需要结合背景才能理解透彻。在这方面可以靠兴趣引领，不必强求自己记忆，新课改以来理解和从材料中提取信息已成为很重要的能力。可以看各版本的教材，而且不拘泥于教材，而是将其作为背景材料有助于理解。

地理：地理思维的全面和准确决定地理的分数。平时可以多练地理选择题，地理大题有基本的模板。我认为地理分为地图和基础知识两部分，而高考是将这两部分结合起来考察。比如问及灾害类问题，海洋灾害的措施。可以分预和治两方面，具体有建立健全监测系统，提高人们的防灾减灾意识。措施分生物措施，如种植沿海红树林；工程措施，加固沿海大堤，加强基础设施的施工强度等。这样经常训练自己，并研究高考题的答案，力争答得全面。平时多看地图，只有"成图在胸"才能做到不忙不乱。在看地图时分区域看，研究区域的特点，可能会有什么样的考点，或者区域热点，多问自己为什么，比如为什么是草原气候而不是雨林等。

在学习和活动之外，要培养自己良好的爱好兴趣。比如打球，阅读，听轻音乐等。这些都是减压的好方法。我不认为熬夜是好的学习模式。无需熬夜，有高效率的学习方法也能考上北大。重要的是多读好书，从书中汲取营养和智慧。美国钢铁大王卡内基捐资建立一千多座公共图书馆，对此他解释说："只帮助那些自救的人们。"希望，和我一样怀北大梦的你们，会坚强地、智慧地走过青春的葱茏，走过世界的风景和风霜，一步一步，走向云端。

等你，在北大。

学习是一次独立的行动，需要探索，琢磨，积极应战，顽强应战。艰辛由你独自承担，胜利，也由你独自争取。

> 姓　　名：曾祎
> 录取院系：工学院
> 毕业中学：湖北省天门中学
> 获奖情况：曾获"陈文祥奖学金"、"张声扬育贤奖学金"

# 回首高中
—— 忆往昔峥嵘岁月

　　三年前，我考入了湖北省重点中学天门中学，入学成绩一般，基础也并不出色。记得在天门中学的第一次大型月考中，我在百名之外。那时的我感觉很失落，之后的几次考试成绩也不断下滑，觉得自己的努力并没有换来应该有的结果。而且因为我不喜欢数学老师的风格，对数学的兴趣也一落千丈。那时，我几乎都想过要放弃，但班主任对我说的一番话改变了我的想法：你不能苛求老师为你改变，老师就是老师，你应该用欣赏的眼光去看待他们，发现他们的优点，变得适应他们，而且千万不能放弃自己，要有自信。就是这样的一段话，让我重新获得了信心，也从那时起我的成绩有了很大的进步。高一下学期，我一跃进入年级前十，并且在之后稳定在这个水平。从这个方面讲，我很幸运，遇到了一位好老师，让我懂得了很多，实现了自身的成长。

　　也许有人会问我，你是一开始就为自己定下了高考时考北大的目标吗？那么我可以肯定地说，不是。在高中的每个阶段，我心中的目标都在不断变化：从最初的武大华科，到后来的交大浙大，再到北大。在我看来，在高中阶段并不需要在一开始就定好目标，过高的目标会让自己感到失落，觉得遥不可及；过低的目标则会让自己得意忘形，失去动力。目标要根据自身的情况而不断调整才是最好的。

总的说来,我在高考中能够取得这样好的成绩,考入北京大学,我觉得有以下这些方面的原因。

首先,我还算是个热爱学习的人;其次,我上高中之后长大了一些,不像原来初中只知道和同学一起玩,对家长的付出与苦心有了初步理解;当然,我也慢慢地找到了适合自己的学习方法,在学习中发现了更多的乐趣。提到潜力,我相信潜力的存在具有普遍性,每个人都具有潜力。通过自我调整,或是受人点拨,再加上用功,不知不觉就会将潜力发挥出来,有所进步。当然这主要还得发挥主观能动性,要肯下功夫。

由于我的基础并不是特扎实,脑子也不是很聪明,再加上从未参加过奥校或竞赛培训,我的成绩还是有限的。我们年级有些同学,不但课内成绩好,在各种学科竞赛中还总拿一等奖,我打心眼里佩服。我深知自己与他们的差距,也知冰冻三尺非一日之寒:这差距是多年慢慢形成的。我自己要做的,是在自己的基础上有最好的发挥。所以我不热衷于竞赛,而是一心一意弄好课内知识,也能获得学习的乐趣。针对个人特点,要有抓、有放——因为有舍才有得。

高中三年,我自认为学习有些特点。我属于"匀速学习"类,即高一、高二没有松散得一塌糊涂,高三也没有紧张得焦头烂额,每天不少学也不多学,而是一点一滴积累成绩。我听讲很专心,老师布置的作业认真完成,自己基本上不再找题做。因为听讲比做题省力气,而且效果更好。自我标榜一下:我踏踏实实、孜孜不倦地学了三年。

很多同学都说学习缺少动力,而我的动力来源很广。每次听到一些很富激励性的歌曲,我都感觉自己受到了很大的鼓舞,这些歌曲给我注入了无穷的动力,整个人的精神都不一样了。在课余时间听听这样的歌其实也很有用的,既能适当放松,又能陶冶情操。不过,真正学习的时候,当然要认真对待,不可一心多用。但学习并不是我三年高中乐章的唯一旋律。在高中三年，我一直都担任班长的职务，班上的各种活动我都参与组织，像运动会、集体合唱、体操比赛等。虽然我的工作能力有限，但在老师的鼓励和同学的支持下，我总是尽心尽力地完成任务，从中得到了不少锻炼，提高了自身素质，增强了对集体的责任心。我的兴趣爱好也十分广泛，平时经常跑步、打球、听歌唱歌、看书等。虽然每个爱好都涉足不深，谈不上"特长"，但也让我放松身心，得到享受，成为高中乐章的修饰音。

  我很幸运，中学阶段的老师们全都业务过硬且师德高尚。我在竟陵初级中学的班主任李老师、在湖北省天门中学的班主任彭老师，不但教我基础课，也教给我做人的原则，在我躁动、不安分的时候适时提醒我，让我看清自己的路。我真心感谢我的老师们，是他们伴我度过了这样充实丰富的学校生活，见证了我的圆梦之旅。

  结合我个人的高中经历来看，高三这一年是极为重要的一年。因为这一年不仅仅是对以往所学过的东西的复习、查缺补漏，更重要的是在这一年需要使自己在知识储备方面能满足高考的要求。在此，我仅仅提出一点个人意见，供各位即将参加高考的同学参考。

  正因为高考复习应针对高考，所以我提供的复习方法就是针对高考的各个科目的方法。

## 一、语文科

  对于语文的复习，我觉得，应该针对高考试卷试题的类型，一道一道地复习（尤其是选择题部分），各个击破。

  语文试卷的第一题是语音题。高考的语音题一般来讲会比平时所做的练习题容易，考查的也都是生活中最为常见的、最容易读错的。所以，需要将《普通话异读字审音表》（语文出版社）中的字音记熟，同时对于一些不能确定的字音，要经常查字典并记熟。而且尤其要注意常用多音字（《审音表》中出现过的更重要）。第二题是错别字辨别。复习方法与第一题大致相同，要经常翻阅《现代汉语词典》。最好将查过的词都记在本上，复习时快捷、高效。语文卷第三题是近义词辨析，第四题是成语。第三题要对各词语的不同语素进行分析，考察语境，来选出正确的选项。因为近义词太多，而且考察的多是在一定语境中的运用，因此要重视试卷中的例子。第四题成语应下大力气复习。最好找一本比较小的成语词典，每天背几个，应尤其注意成语在句中的使用。这种复习对第一、第二题也有好处。我建议从高三开始时就准备一个小本子，然后每次碰到不熟的就记下来，或者每天记上2个，日积月累，就会有效果了。

第五、六题是考察能力的试题，跟语感和语文知识的积累有关。因此，这两道题不需要太大量的练习，只需通过练习掌握做题方法即可。做第五题时，应用七种病句类型对四个选项一个一个地考察，来选出正确的选项。一般来说，在一道题里，病句类型不会重复。而且，我们有时候可以使用英语的语法知识来帮助判断，不过这就要有不错的英语基础。而第六题的审题尤为重要，要弄清究竟是从哪个角度来选择句子。

文言文选择题，考察的是文言文的阅读能力。最好将语文书要求的实、虚词的义项和用法记熟。本复习还关系到后面的文言文翻译。这样可以使你比较顺利地完成文言文的前两三题。而后面关于文言文文意理解的题和现代文阅读的选择题，应该从原文中找答案。尽量多答几点，尽量让自己的语言组织答案化，这样才能少丢分。

至于阅读笔答题部分，像压缩语段和仿句等题，只需平时加强练习即可。作文则完全靠自己的语言能力了，要有较多的积累和生活知识。如果你对自己写一些另类的作文没把握，怕跑题，那么可以踏踏实实地写一篇很程式化的文章，只要不出纰漏，至少可拿到40分。如果对自己的作文信心不足，或者不是很会写作，最好就写比较简单的作文，不要翻新花样，弄巧成拙，影响了高考成绩。

## 二、数学科

　　数学科是非常重视基础的一科。基础是高考成功的关键。由于数学科是一门非常严谨的科学，高考数学题的内容，总有各区模拟卷涉及不到的（尤其是大题）。随着教育课改，高考题更加注重基础知识，所以夯实基础非常重要，想靠突击提高成绩几乎是不可能的。高一、高二的数学基础往往决定了高考成绩。在高三复习的阶段，你所需要做的，最为重要的就是"保温"。

　　对于基础比较差的学生，一定要重视基础。该背的公式定理绝对要做到熟记于心。三角公式要会互推，有助记忆。选择和填空题总比大题要容易拿分。如果基础差，还要急急忙忙做完一卷去抢大题的分，结果肯定更失败。考试是有策略的，选择和填空题的分要尽量拿到，大题则是能拿一分拿一分，毕竟一分压倒一批人。

　　对于数学一向不错的学生，只要跟着老师的步伐一步一步复习就行了，可以不必再做多余的复习。可以将较多的课余时间用于其他薄弱科目。但数学"保温"工作一定要做好，不能手生，最好做套题。到了高三后期，无论哪一科，做题都是为了保持一个好的状态。

## 三、英语科

　　英语是一门实践课，知识的获得、技能的掌握和能力的提高都离不开有意义的实践。英语复习不能仅停留在"纸上谈兵"，应在掌握规则和概念的基础上，进行大量的练习，努力做到"三勤"。养成"三勤"的良好习惯是提高语言能力的保证。

　　口勤——勤朗读，勤背诵。学好英语的一个关键就是培养语感。良好的语感是提高英语能力的关键。好的语感可以帮助你很好地运用语言，更好地理解文章。语感的培养主要是多读、多背。

在最后冲刺阶段，要对每个单元的内容进行大量的朗读和背诵，朗读和背诵不仅可以使你很好地掌握每个单元的单词、短语、句式和语法，而且还能培养语感，同时对提高你的阅读和写作能力也会有所帮助。除了课文以外，还可以有选择地记忆和背诵一些精彩且实用的英语短文、段落以及书面表达的范文等。

在高考中书面表达是分值较高的题型之一。常言道"熟读唐诗三百首，不会做诗也会吟"，所以在最后一个月复习时间紧张的情况下，背诵书面表达范文是提高写作能力的很有效的方法，历年高考试题中的范文就是最好的背诵材料。在背诵的同时，应特别注意范文中语言的运用和文章结构的安排，注意句与句之间的衔接。

耳勤——勤听。因为听力一般位于试卷的开头，分值较高，所以听力做得成功与否直接影响下面试题的解答。

在最后的冲刺阶段，需要每天都坚持听力训练，每天训练听力的时间一般应保证在 10~20 分钟；选择适当的听力材料，最好选择高考模拟试题上的听力材料，坚持每天一套；听完后根据作答情况再细读听力材料原文，根据原文找出不足，然后再听一遍。在训练的同时还要注意以下两点：第一，要讲究技巧。对于第一部分简短对话而言，关键是要听出中心词，比如：地点（where），这就需要平时对常见的场景用词进行全面了解；如果涉及时间（time）与价格（price），那么就需要进行简单的计算；假如是推断说话人之间的关系，那么要特别听清楚他们的语气。此外，对常见的几种人物间的用词也要十分熟悉，如夫妻之间、同事之间、店员和顾客之间等。对于第二部分较长的对话或独白来说，不仅要有重点地听，而且还要听明白短文的中心意思。第二，要保持平常心。在做听力测试题时，一定要保持一种平和、稳定的心态，如果遇到未听清的，要果断放弃；此外，想另选答案时，应及时去掉原来所选答案的符号，以免混淆。

眼勤——勤阅读。阅读理解是高考的重头戏，也应该是我们复习的重点，在冲刺阶段应继续坚持进行阅读训练，并通过强化训练使阅读能力得到更快的提高。

有不少考生认为阅读理解无法复习，其实不然。首先，应扩大自己的阅读量，在阅读中不断积累阅读知识和相应的技巧。其次，阅读时要力求把文章读懂、读通，正确把握文章的中心意思。再次，每天应坚持阅读2~3篇短文，阅读时应该有计划地阅读各种体裁与题材的文章，尤其要多涉猎交流功能和实用性强的应用文、说明文。最后，每天看英文报纸和杂志也是一种很好的方法，应注意选择时效性强、文章长度和高考阅读理解文章长度相差无几的文章。阅读这些文章既能丰富词汇量，又能培养语感，提高阅读能力。另外，在做阅读理解题时，要研究题干所提供的信息，认真分析选项之间的区别，力求做到各个击破。

阅读训练的一些不当的方法也严重地制约着阅读能力的提高，主要包括以下五方面。

第一，逐词逐句地读，降低了阅读速度，妨碍了真正的理解。过分地重视细节，就忽略了对阅读材料的整体理解。因此，考生要学会扫描式阅读和略读，把握文章的结构脉络，找出文章和段落的主题句，归纳概括主旨大意。第二，依赖词典寻找词义，忽视根据上下文猜测词义能力的训练。生词不是孤立存在的，只要抓住一定的线索，依据构词法、定义解释、对比关系、因果关系和上下文的暗示等，往往能准确地理解词义。第三，忽视词汇、语法知识在阅读理解能力形成中的作用。近几年的高考阅读理解题的文章长难句较多，使不少考生望而生畏。再长、再难的句子，只要抓住句子结构中的关键词，问题就可以迎刃而解。要在平时的学习中充分利用已有的语法知识，掌握常用句式的基本特征，提高识别、分析长难句的能力。第四，缺乏背景知识。学习语言就必须了解该语言的相关文化，高考英语中的阅读理解题有很强的时代特征，因此要不断地扩大课外阅读量，多读原汁原味、反映现代生活的时文，还要涉猎一些时尚方面的文章。第五，重答案，轻思路。思维障碍是不少考生在阅读理解上失分较多的原因之一，这是在平时处理阅读理解题时仅满足于校对答案造成的恶果。你在做阅读理解题时应着重从解题思路上分析查找失误的原因，不断地矫正不良的思维习惯，逐步培养和提高阅读过程中分析和解决问题的能力。

## 四、理科综合

结合近几年的高考理科综合试卷来看，题目总体难度有所下降，这一点在选择题上体现得尤为明显。所以，以往几届那种专啃难题的事就不需要再做了。综合科现在重视的也是基础。生物是综合科里比较特殊的一科，类似文科，要记的东西比较多，也比较杂，所以需要很多的时间用来背诵和记忆。由于内容的限制，这一科只要在明晰知识框架的基础上做一些题，多多重视答题时的细节问题，大题应该可以拿到很高的分数。物理即"悟理"，要是真懂了，完全没必要做太多题。但物理题一定要做细，所谓细，就是要彻底理解题目要考察的物理原理，例如在做完一道题后，可以想想，如果要求另一个物理量呢？要是条件变化了呢？以此来营造新的物理情景。这样的确会比较费时间，但时常选上一两道题这样琢磨一番，是相当有帮助的。掌握物理模型是学习物理最为重要的一部分，高中物理的所有题目都离不开那几个最基础的模型。学会建模后，你会发现物理竟然如此简单。化学的知识点十分繁杂，在高三要做的就是建立一个立体的知识体系，做到心中有数。此外，建议大家多读几遍物理和化学的课本，书上很多知识未必是老师重点强调的，但却是高考的考点，所以需要将课本弄熟。书中物理和化学的基本实验也要烂熟于心，各个细节都要注意。基本实验抓住了，实验设计不过是知识的迁移和一些改进罢了。

高三中无疑要做大量的题，这一点需要大家正确对待。做题的目的很明确：查缺补漏，保持状态。高三的每天都有它的价值。我反对任何机械的、无效率、无成效的工作。你要从自己最薄弱的环节练起，有针对性地做题，让每道题都有它的价值。这一点在高三前期显得尤为重要。到了第二学期，所有的知识点已经复习完毕，这时候题的作用是让它们在你的脑海中不断强化，对各种题型越来越熟悉，做题的速度不断提高，进入备考状态。你可能对大量的练习感到厌倦，或者极不爱学某一科，但你一定想去某所大学，或去学那个想了很久的专业，这时候，你的前途掌握在你的手中，那些练习、那些你复习时感到的厌烦，又都算得了什么呢？我甚至认为，没有经过一番努力和拼搏，得到的成功也是没有价值的。

高中的学习、复习的确是很无聊的，容易让人产生厌倦或者放弃的想法，如果出现了这样的情绪，你最好找自己的好朋友或者老师父母去倾诉。这样的情绪如果不解决，不仅会影响复习，自己每天也会闷闷不乐，认为生活毫无乐趣。在高三最后的冲刺阶段，要保持对自己的信心，始终坚信自己一定能行。天道酬勤，相信只要有了付出，一定会有回报的。

以上就是我对高三复习的一点建议，有些科目可以提出的建议也很有限。但无论如何，希望这些对各位有所帮助，并在此预祝各位在高考中取得好成绩。

本来觉得没什么可写的，但可能确实三年有太多可谈的东西，不知不觉也就写了这么多。就要开学了，进入大学，我将更深入地学习知识，接触更多出色的人，迎接新的挑战；我也可能会遇到困难和挫折。但无论顺境或逆境，我都会微笑地面对，用自己的乐观和汗水，编织新的生活。各位还在奋斗中的同学们，继续奋斗吧，我在美丽的未名湖畔等着你的到来！

在高三最后的冲刺阶段，要保持对自己的信心，始终坚信自己一定能行。天道酬勤，相信只要有了付出，一定会有回报的。

| 姓　　　名：张瑾贤
| 录取院系：信息管理系
| 毕业中学：宁夏回族自治区银川一中
| 获奖情况：2010年全国中学生生物联赛一等奖

# 点　　滴

　　一个人不论学习怎样，对学习都会有一种独有的态度。我想先说一说我的态度。

　　如果有人问我："你觉得自己的同学是对手还是朋友？"我肯定回答是朋友。因为我觉得每个人真正的对手应该是自己。

　　我们在好的学校上学，有优秀的老师和充足的学习资料，智商也不低。如此看来，阻碍学习进步的因素就只有我们自己了。因为懒惰，因为贪玩，因为没自信，才自己把自己给绊住了。只要多一些吃苦的觉悟，少一些借口和抱怨，状况一定会大有改观。

　　既然大家的对手都是自己，就没必要把自己拿去跟别人比较。每个人都有自己的学习习惯和生活节奏，在以不同的速度进步着，跟别人比成绩本来就没什么实际意义。所以专注于自己的目标，让今天的自己比昨天更强。就这样每天都进步一点，扎扎实实从不间断地进行下去，总有一天会发现自己已经超过了许多人。不求一步登天，只求坚持不懈，问心无愧。

　　把同学当成朋友是一件很美妙的事情。要是上课有听不懂的，下课我们会一起讨论，讨论不出来就去问老师，然后问过老师的人再给没问老师的人讲。一来二去，所有的知识点都记得熟熟的。我们当初为了搞竞赛还成立了一个学习小组，一共6个人，轮流每天抽出二十到三十分钟讲题，互相毫无保留。讲题讲多了，思路和表达能力都练出了水平。给别人讲题不意味着把自己的知识分享出去会吃亏，而是加深了同学间的感情，带来了双赢。

但即使是用功学习了，结果还是会有不尽如人意的时候。记得当时班里很多人都在弄竞赛，而且不止弄一门，不仅把自己弄得很累，连功课都落下了。就我所知，很多人的心态是这样的：许多人并不是因为自己擅长才去搞竞赛，而是觉得竞赛一等奖是个好东西，可以保送，可以加分，所以都想努力争取。这样的想法不错，但大多是半吊子的觉悟。有的是对竞赛奉献得不够，用功是用功了，可是就欠那么些火候；有的是怕竞赛风险太大，一起弄好几门竞赛，想着总有一门能取上，可到最后每门竞赛都会些，就是没一门是精通的。我觉得搞竞赛应该抓住自己的特长，比如说我，处理信息点的能力比较强，所以选择搞生物竞赛。把方向确定了以后，有计划有信心地搞竞赛，才会省掉许多无用功。

在高中能保证每天8个小时睡眠时间的人很稀少，我就是其中的一个。不把学习当做难事的前提是要成为一个快乐的人，快乐的人应该是精神饱满，做事高效，而且还会有许多的兴趣爱好来支撑生活。书籍、音乐、运动，这些我都爱。虽然我读过的书不多，但我着实从书里找到了人生的各种可能性，找回了信心和勇气。音乐早已成为了我生活中的一部分，摇滚、古典，造就了我的两个极端，而生活就在这两个极端的中间。我很喜欢篮球，虽然投篮不是很准，但我很珍惜大家一起打球时团队的感觉。其实兴趣和学习并不冲突，因为兴趣不是用来娱乐的，而是让生活变得完整。

态度决定一切，学习方法也同样重要。

上高中一定要准备一支红笔，凡是错题和值得注意的地方都要用红笔标注出来。因为高中的学习资料太多了，复习的时候不可能所有的都能看得过来。如果没有红笔醒目的标注，许多重要的信息都会在复习的时候被忽视。最好是准备一个错题本，把经典的、易错的题都记在上面，看起来也方便。

考试的时候经常会出现把题看错了的现象。有时候考试时间是不够用，但千万不能把审题的时间给省了。除了要仔细审题外，一定要用笔把题目中的关键词画出来，我们老师管这种方法叫"扫描式读题法"。比如说题目中的各种限制条件，让选的是"正确的"还是"不正确的"，这些都要划出来。每一个选项在判断出对错后在后面打个小对勾或者小叉，然后再根据题目要求把选项选出来。既然审题的时间不能省，就得把时间省在做题上。要提高运算能力，争取算得又快又准。

考试之前看以前做过的卷子很重要。每个人总有状态好和状态不好的时候。看一看自己状态好的时候做的卷子，可以感受到当时做题时的心境，把这种顺畅的感觉把握住，将来考试肯定会有不错的发挥。

我很提倡大量背英语单词，不只是为了单词本身，而且是为了提高记忆能力，对各个科目都很有帮助。以前我会在假期提前把课本上的单词背好，效率最高的一次是一天背了一本书的单词。背单词的方法是这样的：拿一张纸来抄背单词，就是把单词看一遍，再不看书地写出来。如果是个生单词的话，多默写几遍。每抄背20个单词后，回想之前哪几个生词还不会，默写不出的再单独列出来。久而久之会发现自己变得对文字符号越来越敏感，甚至可以靠符号在脑海中形成的图像来记忆。而且一旦掌握一定量的单词后，背单词就会越来越顺利。当然单词不能光背完就完事，背完的第二天要重复默写一遍（用纸把单词遮住，通过看中文释义来默写），第五天要重复，第十天也要重复默写一遍。重复这么多次，基本上就都忘不掉了。我有很多同学都头疼英语的词汇量问题，其实我觉得把课本上的单词都背好就够了，高考要按照考纲出题，大多数单词都是教材里的，不会出太难的词。而且提前背单词可以记得更牢，还可以省出好多的时间用来记语法。

虽然背单词我比较擅长，但背英语课文我就比较吃力，有时候也抽不出那么多时间来。这时候"听默"就很有用。把课文的朗读带拿出来，播一句就默写一句。默写一遍下来，文章的结构、词汇和各种语法现象都历历在目了。

做英语听力我很有一套。一般卷子发下来后都会有一段时间让学生浏览听力题，这个时候许多人会只顾着把题都看一遍，可看完以后每道题说的什么内容又都给忘了。其实有一个很好的方法，即看题的时候稍微慢一点，通过每道题的问题和选项迅速想象一下对话发生的场景，可能发生了什么事情，我大概需要哪些方面的信息来完成这些题。确认完这些以后，对听力也就多了三分把握。

语文的古文背诵似乎是许多同学的"眼中钉肉中刺"。其实古文可以在不知不觉中背会。电驴上有各种古文的朗读录音下载，下载下来平时放着听，等听着耳顺了，就基本上能背下来了。

学习方法可以是多种多样的，但学习的动力是不变的——对有关学习的一切事物的热爱。我爱我亲爱的母校、我敬爱的老师、我的朋友。真的，他们实在是太可爱了！高考前物理老师（一中的副校长）给我们揭示一中校徽的秘密：校服裤上绣着校徽，校徽的形状就是我们的书雕，换一种说法就是"布料上绘着书雕"，简称"不（布）会（绘）输（书）"。高考复习时班里有人放学后在黑板上写了大大的"Class 7 必胜"，还学着班主任的口气把旁观的同学"训"了一顿。每天中午一放学，每个教学楼的抢饭大军都会以排山倒海的气势向饭堂冲去……谁又肯辜负身边这么美好的氛围呢？

用我们的态度和方法主宰学习，不要把学习当做炼狱。

> 如果有人问我："你觉得自己的同学是对手还是朋友？"我肯定回答是朋友。因为我觉得每个人真正的对手应该是自己。

| 姓　　名：张　锐 |
| 录取院系：法学院 |
| 毕业中学：北京市第一六一中学 |
| 获奖情况：北京市三好学生 |
| 　　　　　第二届北京高中生模拟联合国历史安理会最佳阐述奖等 |

# 目标：成为"北大人"

北大，两个金光闪闪的大字，莘莘学子梦想中的知识殿堂。历经小学到高中十二年寒窗磨剑的我，在高考考场上乘风破浪，披荆斩棘，终于将沉甸甸的录取通知书紧握在手中。喝完了庆祝的美酒，说完了感恩的话语，再次回望刻骨铭心的峥嵘岁月，激动感慨之余，还有无尽的思考。怀着对过去的怀念与对未来的憧憬落笔，将自己成为"北大人"的历程记录下来，不求它成为一盏明灯，只求它化为一支火烛，为学弟学妹，也为自己的漫漫前路添一丝光明。

## 一、决定了，走自己的路

尽管在幼儿园时听到"北大"二字就肃然起敬，但真正有了"上北大"这一想法，还是到了高中以后。有句话说"要进北大门，先当北大人"，事实上，尽管那时还没有上北大的想法，但初三时的我，便已然开始成为一个"北大人"了。

记得那个夏末，从河北小县城转到北京三帆中学的我第一次体会到了"顶尖"学生强大实力所带来的巨大震撼。在故乡"耀武扬威"的我被迫面对一个异常残酷的现实——在邻桌同学们聊微积分聊得不亦乐乎时，我却因解不出作业题而急得团团转。

正当我绝望地以为自己将在职高中度过未来三年时，一个改变我命运的人出现了。那个看似如同龄人般亲切活泼却充满爱心，拥有深邃思想的英语老师把我叫到了办公室。她并没有给我讲那些我搞不明白的语法和单词，而是告诉我作为一个学生，如何进行自我定位的关键。

她说如果一个学生能够完全按老师的要求听讲、完成作业、温习功课的话，他可以被称为"good student"。如果他除此之外，还能进行自己的额外学习计划的话，那他简直可称"excellent"了。然而堪称"perfect"的学生与这两者完全不同——他们完全自主地掌握学习进程：老师和同学与课本一样，被看做知识及经验的来源；考试，完全是自己用来评估学习策略与状态的工具。这样的学生不会因为要应付考试而手忙脚乱，不会因为同学之间的激烈竞争而手足无措，也不会对老师那看似高不可攀的要求而心生畏惧。

完全以学习主导者姿态存在，绝不随波逐流的"perfect"，在那时，便于心目中的理想自我重合了。那一刻的我，深深地明白了一点：拥有不同成长轨迹与知识水平的我，要想在精英云集的北京学生中占有自己的一席之地，就必须走属于自己的道路。

这就是促使我成为"北大人"的因子了。

## 二、FASTEP 系统启动，就是要快人一步

以"一天一分"为座右铭，努力追赶的我终于跨进了重点高中的大门。

回到了同一起跑线的我心底涌起了强烈的愿望——成为一名高水平学生。

优秀学习成绩永远是成为优秀学生的第一要义。以"自主意识与独立学习能力"为核心，以"踏踏实实，有条不紊"为表现，以"综合全面，系统有序"为要求，经过高一一年的实践，我自己总结

的FASTEP"快步"学习系统在高二形成。它是我成为"北大人"的关键保证。

以下是FASTEP系统的详细介绍。

F：1）FELLOW，跟随。学生嘛，再怎么自主，终究还是在跟别人学。当自己对某块领域完全陌生，或是暂时不能找到自己的节奏的话，跟随老师或其他优秀同学的脚步不失为一个合理的选择。跟随不意味着失去自主。事实上，选择好跟随的对象、方式与时间，反倒是必须要经过自己反复思考的问题。正如一些著名教育家所言"教是为了不教"，跟随的目的正是为了尽快找到自己的方向与节奏。

2）FRIENDS AND FELLOWS，朋友与伙伴。正所谓"一个篱笆三个桩，一个好汉三个帮"，尽管学习好坏的决定因素在自己，但有比翼齐飞的朋友与伙伴终究会让学习的过程轻松一些。具体而言，朋友与伙伴有两方面的作用。第一，他们可以作为你"跟随"的对象，或者说重要的参考（学习方法的参考与学习成绩的参照）。第二，他们可以作为知识与经验资源。尤其是外校的朋友，他们既能让你接触到崭新的学习理念，又能让你得到你前所未见的习题。应该说这是一个互惠互利的过程。

3）FLEXIBILITY，灵活性。以具有弹性的学习规划取代具体到分秒的死板的学习计划。换言之，要制订的仅仅是一定时间内要完成的任务，而具体在几日几点几分完成则取决于当日作业量、学习状态、身体状况、时间余量等具体情况。这样做的好处是，能够避免因一些细枝末节的任务没有按时完成的挫折感（比如今晚要背下来一首古诗，但却因为研究几道数学经典题而未能完成）。但同时这也是对自己的自觉性的巨大考验。

A：1）ACTIVE，活跃。学习时必须要保持活跃的状态。课堂上的积极思考、发言是保持头脑活跃的灵丹妙药。

2）ATTITUDE，态度。有人说态度决定高度，树立正确的学习态度是保证学习效率的关键。坚持"为自己学习，为中华之崛起而读书"的正确学习态度，同时不将对老师的好恶迁移到学科本身。

3）ALTITUDE，高度。此处的"高度"指在看问题、学知识时不仅要关注细节，更要以更高的视野去审视。举个例子，在学习《经济生活》时，不仅要着眼于"货币"、"市场"等基本概念的理解，更要明确经济学"进行资源优化配置"的本质，并将此作为对所有具体内容进行分析理解的基础。以高屋建瓴的姿态进行学习，不仅可以对已掌握知识有更深刻的理解，而且有可能通过推论将未接触到的知识掌握。

4）ACCURACY，准度。有了高度，还要有准度。不能因为了解了本质就对具体知识模棱两可，因为在考试中，对学科精神本质的考查是以具体知识的形态呈现的。

S：SYSTEMATIC SUMMERISE，系统化总结。一是将知识以与课本上不同的思路进行总结，以加深对知识本身的理解，到达"高度"。二是将各种解题方法技巧进行总结归类。二者相结合，面对考试就能心中有数。

T：TRANS—，带这个词根的词，如TRANSLATE，TRANSFORM之类的，几乎都跟"转化"有关。在此处，将其含义引申为"迁移"，包括知识迁移与方法迁移。知识迁移，就是利用类比的方法对如等差数列的等比数列、立体几何与解析几何等类似的知识进行比较性学习，以达到举一反三的效果。而方法迁移，就是将内容上不相干，但却有类似考查方法的知识（如英语阅读和语文文言文阅读）进行解题方法的类比。前者用于巩固知识，后者用于应付考试。这样可以提高知识与能力的掌握速度。

E：1）EVALUATION，评估。通过考试成绩对近期的学习状态、方法进行评估，其目的在于对学习策略不断进行调整，以找到最合适自己的作息时间、学习方法等。从本质上讲，这是一种对控制变量实验结果进行评估的过程。举个例子，保持一个月十一点睡觉，观察月考成绩。再将睡觉时间推后半小时，观察月考成绩。然根据月考成绩对现行作息时间的优劣进行评估，并选择最佳作息时间。事实上，由于考试次数有限，不是所有的策略都能得到评估与检测，因此根据经验事先选好"靠谱"的学习策略，并通过考试验证其合理性才是上策。

2）EFFICIENCY，效率。以最小的资源消耗获得最大的回报，这是制定学习规划、调整学习策略必须恪守的准则。具体来说，在精神最亢奋时攻陷难题，利用地铁上的时间背完当日单词都是追求高效率的表现。除此以外，效率可能还意味着舍弃，比如放弃数学最后一题的最后一问以保证检查的时间，或者文科生在学生物时只以达到85分通过会考为目标而非为了满分殚精竭虑。要想提高效率，从根本上说，必须拥有明确的目的，即知道自己要干什么，明确自己的行动方案，杜绝三心二意，犹豫不决，患得患失。

P：PRACTISE，实践。简而言之，制定好的规划必须严格执行。有想法或灵感就去执行。不对没有接触过事物妄下结论。

FASTEP"快步"系统，其命名的确有"快人一步"之意，寄托着在激烈竞争中脱颖而出的愿望。然而学习毕竟是自己的事，比起战胜无数竞争者来说，让自己的学习成绩得到不断的提高才是FASTEP系统诞生的真正初衷。从这个角度来说，"快步"实际上寓意着"飞奔着超越自己的脚步"。

## 三、进军课外,坚决和书呆子划清界限

所谓"北大人",都是拥有出众综合素质的人才,纯粹的书呆子是不可能在北大立足的。因此立志成为"北大人"的我,在努力进行课内学习的同时,也积极开展课外活动,因为这是提高综合素质的重要途径。

参加课外活动时要有明确的目的性,而非功利心。前者指自己要明确通过参加某种课外活动提高某种能力,后者是指利用课外活动赢取加分的想法。

高中阶段的我主要参加了两大课外活动,一是模拟联合国,二是"翱翔计划"。

参加模联的出发点,仅仅在于熟悉社团的组织,获得社团活动的经验罢了。之所以选择模联,只是因为它是我们学校为数不多的几个社团中组织最复杂、活动最多的而已。

身为组织部长的我在这个如家庭般团结温暖的社团中担任组织委员,负责社团内各种活动的组织及日常管理,顺带进行新社员的培训工作。与那些在会场上慷慨陈词的"代表"相比,我绝对算是"幕后英雄"了,然而看着社员一天天做大做强的成就感,已然超越了语言所能表达的范围。

在我看来,社团的真正意义不在于学习某种专业知识或技能(比如参加模联的真正意义不在于学习国际关系知识及培养外交能力,这应是国关或外交学院的职责),而在于与朋友的合作,与不同人的交往,从而在校园内获得一种"社会感"的体验,使自己更加成熟,具有责任感。

至于参加"翱翔计划",则是另一种不同的经验积累。

身为文科生的我与某位重点校理科实验班同学一起,进入清华大学机械工程国家重点实验室进行科学实验课题研究的经历似乎不

会帮助我提高成绩,也无助于我了解将来的职业道路。尽管如此,我仍认为这是整个高中阶段最宝贵的经历。

参加"翱翔计划"不仅使我见识到了国家顶尖学府的风采,体会到了严谨的科学精神,更重要的是,它让我以一种与以往不同的视野来审视事物。在我看来,自然科学也好,社会科学也好,它们都属于"术"的范畴,而在"术"之上,有"道"的存在。作为文科生的我通过对另一种"术"的学习,获得了一个换一种角度窥视"道"的机会,这无疑有利于我对"道"理解的加深及我思维广度的拓展。

责任感与思维广度,这都是"北大人"应有的素质吧。

课外活动不仅是一种学习和放松方式,还是提升个人综合素质的平台。以我之见,想成为"北大人"的话,丰富的课外活动经历是不可或缺的。

每一个"北大人"都拥有着独一无二的人生轨迹。但毫无疑问的是,他们都有这样的共同点:独立思考,充满个性。从这个角度上说,要成为一个"北大人",根本上讲,所要做的便是通过独立自主的思考与判断,明确自己的道路和方向所在,并以脚踏实地的精神将之践行吧!

> 每一个"北大人"都拥有着独一无二的人生轨迹。但毫无疑问的是,他们都有这样的共同点:独立思考,充满个性。

> 姓　　名：张瑞赓
> 录取院系：国际关系学院
> 毕业中学：北京市十一学校
> 获奖情况：第二十一届"希望杯"全国数学邀请赛高中二年级三等奖
> 北京市中学生数学竞赛高一年级初赛海淀区一等奖、复赛海淀区二等奖
> 海淀区三好学生

# 高三启示录

很多人认为高三是痛苦的，然而，当我经历了高三后，我意识到，奋斗才是高三的主题。高三不是对我们的折磨，而是让我们不再平庸！

## 心　态

### 1. 平常心

高三学生最理想的心态是平常心。萎靡不振、担惊受怕、满不在乎、头昏脑热等心态都不是好心态，保持平常心最重要。

具体地说，就是要避免"分高则自大，分低则自卑"。分数以实力为基础，在状态、运气等因素作用下围绕实力上下波动。决定我们下一次考试结果的是实力，而非上一次的分数（也非想象中的分数）。要关注实力，"只问耕耘，不问收获"。只有把关注的重点放在自己的实力上，才会尽可能冷静客观地看待自己的学习情况，下一次的成功也才会有保证。

2. 接受挑战，解决问题

一次没考好不要悲观（当然也不要过于乐观），一切都是备战高考的组成部分，都是在为高考积累经验。要接受挑战，谁也不可能顺风顺水地实现目标，备战高考是一个经受考验、战胜困难的过程。没人能够只用60%的精力就考入理想的大学，必然是刚开始只用了60%的精力，后来遇到了问题，逼迫自己运用90%以上的精力，最终突破瓶颈，战胜困难。遇到问题是正常的，问题都是可以解决的，一切问题都是可以解决的！以平常心和理性对待，看看问题出在什么地方，是复习方向，还是细节、状态？

不抱怨，不自卑，多想怎么解决问题，自我激励。不要总用抱怨的方式和别人"分享痛苦"，表面上是在倾诉，实际上是在强化自己的挫败感，同时"传染"别人。有时候需要"先处理心情，再处理事情"，暂时把问题放一放，不让它把自己搞得心烦意乱，通过独自沉思和自我激励，找到一个比较积极主动的状态，再理性地分析问题，解决问题。

最后，一定要记住：要接受每一次失败，但永不怀疑自己。

## 基本要求

我们以积极的态度面对高三，那些所谓的痛苦与劳累也就不那么严重了。当然，只有态度是不够的。想要获得优异的结果，就必须养成优秀的习惯。心态会随着时间变化，而习惯则渗透在生活的每个角落，持续而深刻地塑造着我们。我们或许都在某一次考试失利后暗自发誓要努力学习，但并没有在学习习惯上进行调整。随着时间的推移，考试失利的挫败感淡化了，学习热情随之减退，学习成绩自然也没有实质上的改观。所以，没有人因为一时的豪情壮志而优秀，优秀的人依靠的是优秀的习惯。

一些学生在成绩上表现优异，通常不是依靠某种奇特的学习方法，而是因为他们坚持完成了一些基本要求。例如：在别人没完成作业时，他们的作业依然交得很齐；在别人忽略了一些不好检查的读书作业时，他们依然读了相应的书，尽管后来真的没有检查；在别人上课睡觉或走神时，他们依然听讲……

学习上的差异就是在这个过程中产生的，我们应该把完成作业、认真听讲作为一个学生起码的尊严，不要在这些最基本的环节上落后于别人。

## 时　间

完成基本要求是学习进步的基础，但不是我们的全部工作。我们还需要合理规划每一天的学习时间。这即便不是我们最重要的工作，也是最重要的工作之一。

1. 主要学习时间

先看一看每天的主要学习时间（以本人的母校的时间安排为例）：

1：10—2：00（50分钟，中午）

4：20—5：20（60分钟，下午自习）

6：30—7：30（60分钟，第一节晚自习）

7：30—8：20（50分钟，第一节晚自习）

8：40—9：30（50分钟，第二节晚自习）

9：30—10：30（60分钟，第二节晚自习）

我将主要的学习时间划分为六个大致相等的部分，每个部分安排一个科目的学习任务，这样可以保证各科的协调发展。

每一部分的具体内容基本上是完成作业、落实知识点和完成自主安排的学习任务，并且以各科老师的统一安排为主，以自主计划为补充。

2. 其他时间

其他的时间要保证专时专用。课堂、早读、晚读严格按要求进行；课间照常休息；跑步照常进行。

有一些时间可以灵活利用。上午跑步后、晚饭后、晚自习课间可学习令自己入迷的内容或"粉末状"学习内容（背单词之类的，随时可以中断的），也可以用来休息。

3. 这样利用时间的好处

第一，每科学习有时间限定，效率高。如果没有明确的时间限定，我们通常习惯于根据作业情况安排时间，先做第二天要收的作业（如数学卷子），然后做早晚要收的作业，再做那些不好检查的读书、落实知识点的作业，最后做自己计划的作业（每天一篇完形之类的）。由于先做的总比后做的重要，所以做的时候没有足够的紧迫感，一张数学卷子明明50分钟能做完，不知不觉就用了70分钟，之后那些"次要作业"的时间被肆无忌惮地挤占了，最后的结果通常是只做了第二天要收的作业，其他的作业只能草草应付，或者不了了之。而现在有了明确的时间限制，在做数学卷子的时候就会意识到必须在50分钟内做完，因为后面是其他科目的时间。

第二，各科协调发展。如果不事先规划好每天的学习时间，各科学习时间的多少很可能取决于各科作业的多少。今天语文作业多，就用一半时间学语文；地理作业少，就几乎不学地理。明天数学作业多，又把过多的时间投放在数学上。在一周的时间里，每科的学习断断续续，学习时间变幻莫测，很难稳步提升。而如果事先对学习时间有一个合理的规划，则可以尽可能地保证各科学习时间的稳定，对成绩的提高也是有帮助的。

第三，劳逸结合。在上述时间规划中，学习和休息的时间是明确的，可以避免课间心血来潮地学习，自习课上却不够专注。

第四，有一定的灵活性。虽然划分了六个部分，但每一部分具体用来学什么科目是根据当天的情况确定的，并不僵化刻板。

## 努力与放松

1. 学业为主

在高一、高二时,有一些课外的喜好对学业影响不大,但上了高三,学习压力增大,这些喜好的负面影响日益显现,必须加以禁绝,或者至少要加以克制。

比如玩电脑游戏,上了高三还在玩电脑游戏是绝对不行的。电脑游戏大多周而复始、无穷无尽,一旦玩上,短时间内摆脱不了,因此势必会极大地消耗我们有限的精力,拖累我们的学习。我在高三开始时也抱有侥幸心理,没有禁绝电脑游戏,而且在几次小考中还有良好表现,但到了期中考试,问题终于暴露了出来——我"一举拿下"史上最差成绩——可见玩电脑游戏早晚是要吃亏的,不是这次考试就是下次,与其等着拿一次大考的失利教育自己,不如尽早戒掉,尽早转入正常的高三学习。

有人以"游戏是一种放松"为电脑游戏开脱,实际上是站不住脚的。一个人盯着屏幕盯了两个小时,眼睛不可能感到放松;dota、CS这些游戏要求精神高度集中,精神也不可能放松。往往是玩过之后感觉更累。因此,即便需要放松,也不应选择电脑游戏。

类似地,校内、手机上网、iPad等网络和电子产品的使用,校外就餐,看电影,社团活动或社会活动,看课外书(长篇小说等)等都应禁绝或克制,道理是一样的,不再赘述。部分报纸杂志可以提供作文素材,应适当保留,但要注意时间;漫画、长篇小说、学术专著等还是完全不看为好。听音乐尽量利用上下学在路上的时间,不要专门花时间听音乐。

2. 适当放松

高三的学习生活应以紧张状态为主,在特定时间可适当放松。

例如一场两天的考试，第一天结束后比较劳累，可使用零食饮料以达到放松目的。在周六放学后，可适当看看电视，翻翻报纸杂志进行放松。但平时禁绝的活动在这些特定时间也不应从事。

不是高三破坏了正常的生活，而是正常的高三生活理应如此。我们生活在物质充盈的时代，不用担心生活保障，这使我们习惯于享乐；我们生活在选择丰富的时代，很容易接触到各种诱惑，这使我们有时不自觉地成了网络或电脑游戏等事物的奴隶。我们面对的困难要比我们的前辈们更多（若干年前网络还没有普及），这要求我们要有更专注的精神、更强的自律能力！

## 个人与集体

个人行动与集体行动是人的两种基本行动方式，一般地，前者适于处理单一目标，后者适于处理综合性目标。这是因为个人行动可以避免互相等待和冗长的交谈，有利于节省时间，集中精力；集体行动则可以共同思考，减少决策失误，平衡各方面的事务。

高三学习属于单一目标，对于高三学生而言，个人行动优于集体行动。具体地说，每天的午饭和晚饭，有两种吃法：①下课了，带上钱包，戴好手表，走到食堂，买饭，吃，送餐具，回。②下课了。"你哪儿吃？""不知道。""你哪儿吃？""看情况。""你呢？""一层东吧，你们俩去一层东吗？""人太多，那去哪儿吃啊？再问问别人吧"……一行五六人边走边说地去，到了食堂互相问吃什么，找位子，边吃边聊，吃完的等没吃完的，边走边说地回（尚未考虑跨班级的集体行动，否则还存在两班活动的不一致）。显然，个人行动极大地节省了时间（通常是十分钟以上），而时间意味着什么是不言自明的。

集体行动固然可以互相提醒一些重要事项（如填写综合素质评价与开会等），但代价未免过高。何况这种提醒可以有多种方式替代

（如在黑板上写明，在记事本上记录等）。

如果原本没有什么友谊，整日待在一起也无济于事；如果原本是知心朋友，在高三多一些个人行动彼此也都可以理解。

## 沉睡与清醒

1. 熬夜问题

高三免不了要熬夜，但并不是越晚越好，要辩证地认识，寻求平衡。熬夜有利也有弊：利主要体现在增加学习时间上；弊则是熬夜会使人疲劳，导致次日学习状态差。最好根据自身经验，寻求二者的平衡。

熬夜时学习的内容并没有一定之规，但应该知道，熬夜时比较疲惫，学习效率较低，安排学习内容时应充分考虑到这一点。习惯在这种状态下记忆知识的，就安排记忆的内容；习惯在这种状态下做题的，就做一些容易集中精力做的题。时间上，建议不超过凌晨1：00，大多数中学生在凌晨1：00后就基本丧失了正常的思考能力，再熬下去只能徒增疲惫，得不偿失；并且尽量不要"背靠背"（连续熬夜），否则严重影响次日学习状态，弄不好还会生病。

2. 犯困问题

解决犯困问题，说简单也简单，说难也难。说简单是因为只有一种方法——挺着；说难是因为常常挺不住。其实犯困是有规律的，下午2：00感觉困，接下来并不是越来越困，越来越困……困的感觉通常就是5分钟左右的事儿，挺过来就豁然开朗了，仿佛一股清凉的海风从讲台上迎面吹来，天高云淡，海鸥飞翔，一股对知识的渴求在体内激荡着，激荡着……而且很长时间内不会再犯困；当然，没挺过这5分钟，就睡过去了，而且通常要睡很久。

有人觉得不一定要硬挺着，喝咖啡就可以解决问题。我也一度这样认为,但是事实或许并不是这样的。咖啡、茶等饮料或许有一定作用,但不是决定因素,即便喝了,不挺着也无济于事。而且过于频繁地饮用此类饮料对健康无益,花销也比较大。所以,咖啡等饮料偶尔可以喝一喝,但不要形成依赖。

3. 个人建议

综上所述,我给出的建议是:保证 6 小时睡眠,白天不睡。这经过了我的实践检验,是可行的。

## 课外班

高三同学可适当地进行课外班学习,但应注意阶段、科目、数量、时间,并用正确的态度对待课外班。

1. 阶段

应把课外班学习放在高三前的暑假、高三第一学期和高三寒假。因为这段时间的课内学习压力相对较轻,可以腾出时间和精力参加课外班。到了第二学期,尤其是开始备战"一模"时,课内的压力就比较大了,再上课外班可能导致课内、课外相冲突,效果往往不如专注于课内学习、紧跟老师的安排好。

2. 科目

针对弱势科目即可,不应贪大求全。"全是重点"等于"没有重点"。

3. 数量

以每周一次课为宜。这样一方面对课内的影响较小,另一方面也有时间消化课外班上学到的内容。

4. 时间

尽量利用周末。如果把周一至周四的晚自习时间拿出来参加课外班，会影响到当天作业的完成和课内知识的落实。

5. 态度

应辩证地看待课外班，不要"迷信"课外班，更不要把它和课堂对立起来。有些课外班的老师会建立一个看似完备的"知识系统"，并告诉学生高考中可能出现的问题全在那里边，一些同学仿佛看到了救星，对这种老师偏听偏信，进一步对课堂产生了抵触情绪，这是很危险的。当考试真正到来时，这些同学会表现得过于自信，但当他们面对题目时，却往往感到无助。为什么？因为解题能力的提高需要长时间的摸索与经验积累，单靠一个四十分钟就能讲完的"知识系统"就想"独步天下"是绝对不可能的。那些"知识系统"往往"中看不中用"；而在这个过程中，对课堂的抵触给这些同学的学习造成了更大的损失。

课内与课外的学习都是为了提高学业水平，本质上是一致的。只是不同老师的授课方式不同，他们中没有谁能穷尽高考中可能出现的全部问题，也没有谁讲的是完全无用的，我们应该接受不同的老师所讲的东西，并且在做题的过程中用心体会，不断完善。

当然，课外班学习是一个非常个性化的问题，适合自己的安排才是最好的。

## 应试技巧

1. 缓解紧张的技巧

绝大多数考生在考前会感到紧张，我认为缓解紧张的最好方法是想一想考试的时间分配（做各部分题分别用多长时间）。

民间也流传着一些其他的方法，比如深呼吸法、听音乐法、闭目养神法、嚼口香糖法等，但大多治标不治本——深呼吸的时候可能不紧张，但之后就不会再紧张了吗？

想要从根本上缓解紧张，就要在考前想一想考试的时间分配。因为我们之所以紧张，就是因为知道考试的重要性；而试卷本身的结构与平常的考卷区别不大，难度上可能还略低于平常的练习。通过预想考试的时间分配，我们可以把注意力由考试的重要性转移到解题的流程上，从而进入了一个熟悉的情境，紧张的情绪得到了缓解。

2. 浏览试卷的技巧

在考试正式开始前 5 分钟，考生将得到试卷，但不能动笔，只能看卷子。有人用这段时间盯着前几道选择题看，争取提前得出这几道题的答案。但我认为，动笔前的 5 分钟应该通篇地浏览试卷，对试卷有一个整体认知，尤其应该关注解答题的难度，有余力的同学还可以粗略地考虑一下各题的解法。因为解答题的难度不总是由易到难的，有时位置靠前的题目会比后面的题难。如果没有浏览试卷，在遇到位置靠前的难题时，容易失去信心（这题都这么难，后边的题得多难啊?!）；而如果事先浏览了试卷，知道了解答题的难易情况，则可以用两种方法应对：①跳过位置靠前的难题，先做后面的容易题，进入状态后再回过头来解决前面的难题（常用于数学）②在看题时关注后面的容易题，思考这些题的解法，保证做题时能够流畅地完成这些题目，然后按顺序做题，增加做前面的题的时间，最后快速地完成后面的容易题（常用于文综）。

最后，我想说的是：尽管本文以我和我的同学们的经验、教训为依据，它仍然只是"一家之言"，我不希望它变成一种教条式的文字，因为每个人都是不同的，都有属于自己的成功之路。

在高中生活中，真正的成功属于敢于并善于独立思考、自己对自己负责的人。

很多人认为高三是痛苦的,然而,当我经历了高三后,我意识到,奋斗才是高三的主题。高三不是对我们的折磨,而是让我们不再平庸!

> 姓　　名：赵嘉俐
> 录取院系：元培学院
> 毕业中学：上海外国语大学附属外国语学校
> 获奖情况：2010年全国中学生生物联赛一等奖
> 　　　　　24届全国高中生化学竞赛（省级赛区）二等奖
> 　　　　　第八届上海市中学生古诗文阅读大赛一等奖
> 　　　　　上海市第十七届高中学生科普英语竞赛二等奖

# 梦圆北大经验谈

当我接到北大录取通知书的那一刻，内心的狂喜溢于言表。梦圆北大，终究是莘莘学子心心念念的理想，而未名湖畔，博雅塔旁的琅琅读书声，又令几代文人魂牵梦绕。回想过往，恩师的教诲、父母的支持、同伴的你追我赶鼓励着我不懈奋进，然指引我通过竞赛保送敲开北大大门的，却是在清华深造的学长，感激之情自然不言而喻。因此我相信，指引的重担如今正交付于我们，我自当尽心尽力，只望我的一点经验，能够为学弟学妹们在升学的过程中提供一些帮助。

## 一、竞赛篇

正如我之前提到，我与竞赛之缘是源于学长的提点。当时我还在懵懂无知的高一，我们学校也并无参加理科竞赛的传统，我对竞赛保送可谓一无所知。而我个人本来对于竞赛也并没有太大的兴趣，一直以来从不曾认真为竞赛做准备，也自然在竞赛中了无收获，因此我一直自居为"高考型"而非"竞赛型"。的确我的学习成绩在年级中始终数一数二，对于高考我自认更有把握，但是看到有的同学在竞赛中有所斩获，内心还是感到欣羡的。那天，一位高三的学长来与我们分享经验，我第一次深入了解到还有竞赛保送这条升学途径。这位学长当时是获得了计算机联赛的一等奖，又通过了清华的保送考而被录取的。学长激情而又细致地讲述了他一步步迈向清华的过程，令我颇有感触，使我决定向竞赛迈出第一步。

其实我始终都不是真正以竞赛为主的学生。当初开始准备竞赛，是意识到获奖情况是无论保送还是自主都必须具备的条件，是通往高校的敲门砖。所以我并不否认参加竞赛的功利性，也一直在思考中学生竞赛存在的合理性。我曾一度认为竞赛保送是不合理的，因为这一看似通往理想高校的捷径逼迫着许多优秀的中学生参与自己并不感兴趣的学科竞赛，甚至为了精通这一门竞赛学科，忽视了其他学科的正常学习，产生严重偏科现象。如果这些学生一旦在学科竞赛中失利，那么很有可能一蹶不振，因为在相对要求全面的高考中仅凭一门学科的优势很难有胜算。因此，竞赛保送是独木桥。再者，竞赛内容的深度和广度基本与大学基础课程相当，而竞赛的形式又使学生沉于题海之中，那么，仅因为竞赛的优胜者略超前同龄人一步（并不能代表他们一定更为优秀）而慷慨地给予他们加分和保送的资格是否公平呢？

然而，当我参与到竞赛之中以后，我也渐渐认识到竞赛存在自有其合理性。一直以来，社会舆论都在辩论全才和偏才、怪才究竟孰优孰劣。事实上，我认为这是一个绝无可能有定论的问题。全才，社会需要；偏才、怪才，社会也需要，只要将其合理利用发挥，两者都是重要的，都是能为社会谋福利的人才。而学科竞赛，无疑是为偏才、怪才提供的进入理想高等学府深造的渠道。可见，学科竞赛的初衷是好的，只是在升学的压力下，渐渐演变成了"全民竞赛"，有些变了味儿。为何高校如此看重学科竞赛的成绩？难道没有学科竞赛获奖就否定了学生在学术上的潜力吗？这依旧是一个值得思考的问题。

　　但不可否认,许多在竞赛中获奖的学生,特别是能够经过层层选拔进入省队在全国决赛中赢得奖牌甚至进入国家队集训登上世界舞台的选手,在这一门学科中的的确确有着超于常人的天赋。他们对这一门学科有着钻研的毅力和激情,只有真正的热爱才会使他们在竞赛的征程中走得这么高,这么远。如果是达到了这样的境界的学生,那么他们参加竞赛便绝不是功利使然,他们的成就值得我们钦佩和赞赏,而真正的学科竞赛正是为了他们而存在,而有意义,保送也是情理之中的必然。如果你是这样的科学达人,请坚持下去,就是胜利。

　　如果只是希望将竞赛作为敲门砖呢?也请不要怀疑,放手去做就是了。虽然这门学科或许不会成为你一辈子的事业,但是在学科竞赛中学习到的知识、锻炼的思维能力,以及与优秀同龄人竞争的过程都是对升学以及今后发展大有裨益的,值得回味。就我而言,我十分享受准备时的紧张、竞赛时的全神贯注、等待结果的忐忑以及成功的喜悦。而且通过竞赛使我能够从更高的高度来了解这门学科,面对高考也更加成竹在胸。竞赛虽然辛苦,但是它依旧不失为求学生涯中的一段精彩历程。

　　那么应该如何准备竞赛呢?首先要根据自身情况选择参与竞赛的学科。理科类竞赛往往要投入大量时间进行准备,参加竞赛学校、做大量习题,而竞争又尤为激烈。数学、物理竞赛又具有连贯性,往往需要学生从初中开始就不间断地学习、准备,才有可能斩获佳绩。而由于我是从高中开始参与竞赛的,之前并没有竞赛学习的基础,因此理科竞赛我选择了对我来说相对轻松的化学和生物。文科类竞赛更强调长期的积累,像我参加的古诗文大赛,除了突击背诵,许多文学文化常识以及对古诗文的理解和感觉都非一日之功,需厚积才能薄发。而英语竞赛我一向是不予准备的,因为语言是用则通,不用则遗忘,语言也是没有定式、范围和标准答案的,因此我向来凭实力说话。了解各项竞赛的特点后，结合自己所擅长的学科参与，但有一点我认为尤其重要：兴趣。没有兴趣，学科竞赛就像是不得不完成的任务，带来更多的是痛苦和沮丧。就我个人而言，我对生物的兴趣更甚于化学，因此前者我只花了一个月自学大学课程便获得了一等奖，而对后者，虽然我上了两年的化学学校，但是自觉始终不曾真正用心，未获得一等奖想来也是理所应当。

准备竞赛，坚持和毅力是关键，一定要努力克服内心的浮躁。一旦决定参与竞赛，学习的负担一定会大大加重，也一定会面对竞赛的不确定性和失利的风险。因此最初就应做好心理准备：自己是否学有余力？是否能承受额外的压力和负担？如若竞赛失利，能否顶住压力，再战高考？如果对此皆无信心，不如定下心来专注于高考，毕竟这是中学生的主业。因为竞赛而分散了投入高考的精力，可能会得不偿失。但经过深思熟虑后决定参与学科竞赛，就要坚持下去，竞赛同样也是一分耕耘，一分收获，千万不要半途而废，白白浪费了时间和精力。不管最终结果如何，别感到后悔，努力过了必有收获，只要平时正确平衡竞赛和学习，高考的大门始终为你敞开。

## 二、保送考篇

竞赛取得佳绩，自然是皆大欢喜，但千万别就此认为升学之途一片坦荡，从此高枕无忧了。事实上，除非是我之前提到的那些"境界型"竞赛生，其余竞赛生依旧面临严峻的考验，一定要从暂时的胜利中清醒过来，继续投入到更为激烈残酷的升学战斗中去。每年五大联赛各省一等奖总有二三十人，三十几个省份累加起来有三四千人，还不算省三好学生、科技创新大奖赛等保送项目，具有保送资格的总人数可谓十分庞大。而北大、清华今年录取的保送生（包括外语类保送）各只有六百多人，因此竞赛获奖便等于保送吗？

显然并非如此。

我在北大参加保送考时和同组面试的同学闲聊时了解到，山东省数学联赛一等奖前几名中，就有未通过北大和清华材料初审的，连去北京参加保送考的机会都没有得到。而我的生物联赛一等奖，显然不比数学联赛更为光辉，却为我同时获得了北大和清华保送考的资格，其原因何在呢？我认为关键在于全面发展和综合素质。

我相信北大是喜爱全面发展的学生的。这从北大如此注重本科生的基础教育和通识教育便可看出。北大以培养"世界一流本科生"为战略目标，强调大学本科教育应当是全面培养学生人格和能力的，一直以来向社会输送了大量能触类旁通的研究型人才和高素质高品格的全面型人才。在北大本科生课程设置中，所有学生都必须选修一定的本科素质教育通选课，包括数学与自然科学类、社会科学类、哲学与心理学类、历史学类以及语言、文学与艺术类各个领域的课程，可见北大多么注重学生的全面发展。

同样，在北大保送考的笔试环节中也可看出北大对学生全面发展的要求。北大保送考的笔试内容是语文、数学、英语、物理、化学五门学科各100分，均衡的分数设置，绝不会如清华保送考物理化学分数七比三那样的厚此薄彼。每门学科的考试内容都是高于高考，接近竞赛的，其广度和深度是绝无可能通过临时的准备就可应付的，因此北大称保送考不需要考生刻意准备，而就我个人的经历而言，保送考的确是无从准备的。因此最终比拼的就是考生的硬实力和经年累月的积累，以及临场的心态和发挥。因为最终录取结果是根据包括面试分数的总分，因此希望通过仅仅在一门学科中的优势而在北大保送考中脱颖而出是行不通的。而全面正是我的优势。虽然我数学、物理未曾参加过竞赛因此不敌众多竞赛好手，但是我古诗文的功底、英语的实力和化学竞赛的拓展给予我的优势总和却是许多独精一门的竞赛生所无法超越的。所以，在此我向一些理科竞赛生敲响警钟，如若太过忽视文科的学习，那么在好手如林的北大保送考中是毫无胜算的。

而北大对考生综合素质的考察不仅体现在材料初审中，亦体现于保送考的面试环节。当我在准备保送考申请材料时，除了学科竞赛，我着重突出了我在学生会和社团活动中的工作经验和成就。我相信这也是我获得北大招生老师青睐的重要原因。参加学生会工作和社团活动是我的兴趣所在，也很大程度上丰富了我的课余生活。犹记得通过努力争取到团学联社团部部长一职时的愉悦，策划组织第一台国际文化周音乐剧表演成功后的激动，在与新一届团学联干部交接仪式上荣获"杰出贡献奖"这一最高荣誉时的欣慰，我为团学联付出的辛勤汗水和收获成功的喜悦是我永远珍藏的美好回忆。而模拟联合国社团则见证了我的另一段成长历程。从校内会议收获第一个"Best Delegate"，到在国际国内模联会议上屡屡获奖，再到成为模联社团主席团成员，我在模联的舞台上历练自己，锻炼口才，学会合作和妥协。虽然高中的学业非常繁重，参与学生会工作和社团活动意味着更多付出，但我坚信这一切都是值得的。有能力的学生一定能够平衡好学习和活动，提高学习效率，挤出更多时间从事自己认为有意义的事情，使其不会沦为终日沉于题海的书呆子，而成为有能力、有担当，能灵活应对困难和挑战的人才，才能在北大保送考的层层筛选中存活下来。

最后，我想谈谈面试。北大的面试是采用分组群面的方式，随机抽取五名考生为一组，由三名考官同时面试打分。首先让每名考生进行简短的自我介绍，然后抽取面试题目（有两次抽取机会），准备一段时间后自行开始回答。所有考生发言完毕后，可以补充其他同学的发言，主考官也会就考生的发言提问，总时间在45分钟左右。面试总分为100分，计入保送考的总分内，最终是根据笔试加面试总分六百分的成绩来决定考生是否获得预录取。

我认为面试是考察考生综合素质的一个直接有效的途径，北大的面试题目涉及了社会中方方面面的问题，需要考生关注社会热点问题，并有自己的思考，如果是"双耳不闻窗外事，一心只读圣贤书"的考生便难以应对北大灵活多变的面试题目。除了平时的积累，在短短几分钟的时间内就要组织好语言清晰地表达自己的观点也并非易事，更不用说临场的紧张情绪和突发状况也可能影响发挥。我在面试时并不是一帆风顺的。当时抽取题目，第一次抽到的题目我已经记不清了，但印象中是怔住了，完全没有理解其含义。于是我选择了换题。但是第二次抽取的题目也并非我十分擅长的方面——请你谈谈你了解的一段北大的掌故。掌故？当时我遇到了一个新名词，对于其真正含义有些模糊不清，但是此时我已没有退路了。于是我根据语境的可能性将其定义为典故，事后发现这匆忙中的定义基本符合原意，才松了口气。我十分庆幸当时能够冷静地思考分析，并未慌了阵脚，想来是平时常常参与演讲辩论锻炼出的镇静。不过听到同组考生的题目我羡慕不已：谈谈科举制度的利弊、对竞赛的思考、大学生工作难寻等都是令我感到能轻松应对的题目，谁知在这一堆题目中偏偏手气差到连续抽中两个不对胃口的题目，现在想想也是对我的一个考验吧。

从我的经历中便可知道，想要面试成功，应变能力异常重要。同时，也一定要抓住考官提供的机会展现自己。虽然我的题目限制了我的发挥空间，或许不能算十分的出彩，自己也不是非常满意，但是我并没有就此气馁，在之后的补充发言环节，我积极发言，与主考官互动，努力让他们了解到我对这些社会热点的深入思考，我相信这为我加了许多分。但面试中还要注意的一点是切莫过于盛气凌人，打断其他同学发言，一定要有合作精神，尊重他人，也不要使发言过于冗长，将面试变为"一言堂"；热烈讨论，切中要点，言简意赅，才是考官最为欣赏的。

除了北大保送考的面试，我还参加过香港大学校长推荐计划的面试，成功获得精算等热门专业的加分。相较之北大的面试，港大的群面给予考生自由发挥的空间更大，主考官只是一个旁观者而并不参与讨论，团队精神就更显其重要性。但不管是群面还是单面，在紧张的情绪下依旧保持大方的态度，冷静地思索，敢于表现自己的能力，是获得主考官认可的关键，必须予以培养。而我相信这些能力都是在我课外工作、活动的经验中点滴积累的。综合素质的提高绝不该沦为空话，只有通过努力，切身提高自我能力，才能在各个高校的自主选拔中力压群雄，博得青睐。

以上可谓是我从高中三年求学生涯，特别是升学过程中提炼出的一些思考和经验。当然每个人所走的路都是不尽相同的，只有踏踏实实地走好属于自己的路，自己经历了这升学道路上的酸甜苦辣，才会真正有所体悟。在此我希望我的这些经验能够使后来人在升学的路途上少走一些弯路，帮助他们实现自己的梦想，也衷心祝愿每一名学子都能迈入自己理想的校园！

准备竞赛，坚持和毅力是关键，一定要努力克服内心的浮躁。一旦决定参与竞赛，学习的负担一定会大大加重，也一定会面对竞赛的不确定性和失利的风险。

# 成长感悟篇

姓　　名：刘家玮
录取院系：中国语言文学系
毕业中学：吉林省四平市实验中学
获奖情况：曾获第十届、第十三届新概念作文大赛一等奖
2009年全国高中数学联赛吉林赛区二等奖

# 我的奋斗……高三版

## 零

2010年8月，我上高三了。现在我打出这句话时感到无限感慨，可是实际上当时我并没有什么特殊的感觉，不管是踌躇满志还是忧心忡忡，什么都没有。我现在怀疑我当时是不是自动关闭了大脑。好像我多年来积累起来的关于高三的种种信息和印象在那个闷热无比的八月都随着我坐在教室里呼哧呼哧的大汗淋漓而蒸发殆尽了。老实说，对于一个胖子来说，暑期补课很辛苦。我有点儿机械、有点儿麻木地翻开传说中的一轮复习资料，挥一把汗，喝一口水。目光逐行移动，不时抬头看黑板，一页一页的习题就翻过去了。下课时我趴在桌子上，只想睡一会儿。我什么都不去想。

快要临近结束时，我才开始琢磨是不是该再把政治书背上一遍，以便能够在即将到来的月考里生存下来。高中的前两年，我的成绩大体还不错，考过一些年级第一名。但是说实话波动还是很大的，这得"归功"于我喜欢在考前突击背书的坏习惯。我琢磨着这是高三的第一次考试，怎么也应该考得差不多。我这么想着，可是老是打不起精神来。

可以矫情地说，其实我当时有点儿迷茫。

这时有意思的事儿发生了。我所在的北方小城遇到了百年一遇的暴雨，学校紧急停课，市民抢购商品，政府号召"死宅"，士兵准备抗洪。原本看着政治书怎么也背不下去的一筹莫展的刘胖子，当听到考试取消的消息时真是如释重负。放学回家后，我赶紧跑到超市去搬了一箱方便面，尽管我们家的楼层较高而我搬上去却感到毫无压力。政治书又被我这个懒惰的文科生丢到了一旁。我拿起看了一半的林达的某本政治随笔，一边听着愈演愈烈的雨声，一边惬意地想着林达的书可比刘瑜阿姨的强多了……

就这样，本来应该是血雨腥风的高三开门之战，居然变成了我最后一个悠闲无比的假期。我讲这一段故事，想说明的道理就是，高三其实也没什么，来了就来了。而且，你很可能在积聚起雷霆万钧之力奋力一搏之时突然就短路了，然后你一不小心就会略带纠结但是实际上有恃无恐地浪费掉一段时间。

二

伸头是一刀，缩头也是一刀。在我得以侥幸缩头了一个月之后，考试这把杀猪刀还是砍了下来。怎么说呢，跳票了一个月的高三开门之战，基本上算是折戟沉沙了。我考了一个第二，根本就不是一个我想要的开门儿红。我感到有些沮丧，大脑也开始解冻了。我这种人吧，就是不见棺材不落泪。受了刺激，我才真切地感到高三真是扑面而来了。

不过我想我当时还是对于这个高三缺乏一定认识。现在想起来我当时的心情还是比较淡定的，一次考试，也许真不足以改变我浑浑噩噩的生活。我倒是的确比以前用功了一些，但是总的来说还是比较机械、比较懒散。高中以来，我一直有晚睡的习惯，一般是十二点才会熄灯。当然这并不说明我比别人多做了习题或者多背了课本，我得惭愧地承认我只是比别人多看了一些不入流的小说。

这下，经过发奋图强后，我改在每天半夜一点睡觉。也就是在看了些不入流的小说以后，再学一个小时⋯⋯⋯但是我也不是什么天赋异禀的学霸，这样做的代价，想来十分沉重。前几天，有位学姐跟我开玩笑，说大学生的休息时间是半夜一点至第二天九点。我就告诉她我高三有一段时间也是这样的。我说，我晚上一点钟睡觉，在还剩半个小时就上课的时候才爬起来飞奔到学校，再继续睡到九点⋯⋯

我得说，我现在也不太明白我怎么会选择这样一种脑残的作息时间表。也许我当时还觉得自己挺幽默的，而且像我这样体积庞大的人，趴在课桌上睡觉非常辛苦，每次睡醒了爬起来脑袋都像被人踹了一脚一样。我要是静下心来想想，估计可能是某个恶性循环或者思维漏洞在作怪。关于晚睡，疲劳，效率降低，负担加重，睡得更晚这一恶性循环相信大家都知道了。我想说的可能是某种希图一晚上写完某本卷子啊，一晚上把某一科恶补到跟上进度啊什么的这种脑残心理也会导致你不理智地疲于奔命。当然话说回来，没跟上进度也是课堂睡觉落下课程的悲剧结果，估计也能构成一个恶性循环⋯⋯

真是发自内心地说，作息时间至关重要，跟着老师的进度也是非常重要的。当然，到了这个时候不看闲书、不玩游戏、不谈恋爱，总之不做一切可能让你晚睡的事情是基础性工作。

我试图以此来解释自己高中三年级上半年成绩比较"杯具"的前因后果。

## 二

其实高三的时间啊过得是飞快的。在我还没来得及（当然我这人的脑子也实在是太不灵光了）厘清上文我所说的问题时，我已经又考了两次月考。这两个月的基本轨迹就是：上课睡觉，懊恼，今晚下决心发愤图强，熬到半夜实在不行了原定计划中道崩殂，明天上课又睡着了……于是又下决心——这时我却发现快考试了，好吧决心先放一边，那就先背政治书吧……总之就是，现在想来我当时的课堂利用效率一直不太高，游离于老师的计划外，而总是订一些乱七八糟的小计划，但是又总是完不成……

结果就是，九月、十月、十一月的月考成绩，都很不理想。这时我开始忧虑、上火、身体也变得不太好了。好吧，我得说即使是胖子，也会有在抑郁状态抵抗力很差的时候。十一月份到十二月份我记得我不停在感冒，总是请假去打吊瓶，每天上课不停地吸鼻子。结果我不但考试考得不好，成天还病恹恹的。

多年后，当我面对着新生征文讲我高三时的经验，我准会想起那段心情糟糕且身体不适的黑暗时光。可是数伤疤并不一定会证明我多英勇，在更多的时候，它让我看上去有些脑残。不过我得客观公正地说一句，我现在觉得自己当年为几次月考耿耿于怀实在是很不值得。虽然退一万步来说，我高三的前三个月基本就是迷茫、混乱、措手不及，但是我个人感觉这一阶段的考试阶段性强，综合性差，有一些刻意难为人的性质，它会揪着某个知识点狂考直到你趴下为止。学校的想法当然是细化知识点，查缺补漏，但是其实这种考试本身离高考很远（不过话又说回来了，高考永远就是个若即若离的存在。这点我后面再说），也许本身意义并不大。

这时候，我大概已经没有心思读闲书了。在两个月之前我还上豆瓣网写书评什么的，到了那时我则愁眉苦脸地每天粘到凳子上学习，穿着臃肿，面色无光，焦头烂额，气喘吁吁……好在后知后觉的刘胖子终于把作息时间调整得相对合理一些了，课堂利用率也高了不少。但是我那时的心态，恐怕已经没有从前那么淡定了。的确，从行文来看，你可以发现我是一个懒散的人。但是懒散的人不一定没有奋斗的目标，不一定就不去奋斗，虽说很悲剧的是等他们启动起来时，时间已经不那么充裕了。我想考一个好大学想了好多年呢。

我终于一点儿都不迷茫了。其实我也就是迷茫了三个月而已，但是后果很严重。

非常凑巧或者不凑巧的是，到了十一月份中旬，各大高校的自主招生工作都开始了。

## 三

这一段我想主要说说自主招生。这是个有中国特色的选拔方式。也就是说，在我们这个大的时代背景或者说长久以来的民族性格之下，一切其他选拔方式所拥有的弊端，自主招生差不多也拥有。但是这并不能妨碍我当年对自招的热情。首先，自招是个良好的锻炼机会，尤其是对于我这种生活在城乡结合部的孩子。再者，如果能拿到加分的话，对于考前心态的稳定很有好处。而且就我个人来说，我还挺喜欢尝试新鲜事物的。这不是一篇小说，所以我不妨先把我自招的结果说出来。结果还算能接受，就是清华给了10分，北大给了20分，人大给了30分。

但是这个代价还是很大的。让我们回到十一月中旬。首先，这个初审材料的准备很繁琐。我记得我当时写北大的自荐信时很是下了工夫，而其他林林总总的材料汇总什么的就更不用说了。其次，网上自荐初审通过的概率不大，还是要尽量争取校荐才能至少让你有个笔试的机会。而我说了我这几个月考得不好，所以我在跟学校方面交涉时很是费了功夫。而且这个过程一开始一度非常不顺，让我近乎绝望。我记得当时我们这边都开始下雪了，我望着造成交通不便和迫使高一高二学生上街清雪的雪花儿感到无限抑郁。在这里我要真心感谢来吉林招生的金老师对我的赏识和帮助。其三，初审通过后考验才真正开始。先是笔试的淘汰率比较高，再是面试对人心态的要求比较高。当然，这其实也没什么。因为要求再高也就是几小时、几十分钟的事儿。再怎么咬咬牙也挺过去了。最让人糟心的是等成绩的过程和几次考试的跳票时间。报名基本是十一月，初审基本是一月，笔试是二月，面试是三月，出最终结果是四月，网上公示是五月。发现到了这时就快高考了！

也就是说，自主招生会让你在半年的时间里一直如鲠在喉，我是说如果你足够强悍或者幸运能走到最后的话。但是反过来，如果中道崩殂，对心态也许会有影响。一种是焦灼，一种是沮丧，这就是自招过程中的两种心态。总之自招是让人难以沉静下来，难以以精诚之志和沉稳之心去准备高考的。用未知的二十分去赌这个本来已经在手的良好状态，很难说值不值得。

由此可见，自招高风险，但是实际收益也未必大。更何况我所知道的人中，最后自主招生分数派上用场的，也就一半儿不到吧。可见收益也未必高。所以，在去年十一月份时，我的一些同学选择了放弃自招，也不失为一种选择。

不过，还是那句话，如果你足够强悍，自招就绝对不会是你的障碍。我显然不强悍，不过我琢磨一下我这种性格，觉得就算不参加自招，也未必就能一定有个好心态。

于是我就义无反顾地冲上去了。

## 四

2010年转眼就结束了。2010年的最后一次月考我考得一塌糊涂。那时自主招生初审也传来了坏消息，复旦没要我，而另外三所学校的结果还没有出来。我还参加了一个作文比赛，也是杳无音讯。我坐在电脑前不停刷屏，心中惨然。我在人人网上说，2010年还要六个月才能结束。

人生不如意事十之八九。我自招时初审报了四个学校，就过了三个。笔试时，这三个又过了两个。可见损耗无处不在，不如意无处不在，尤其是对于我这种既懒散又时刻充满危机意识的人更是如此。顺便说一句，我笔试时落马的那个大学，正是我现在考上的这个，也是要求我写征文的这个。可见人生诡谲，世事难料。而更诡谲的是，后来我参加的那个作文竞赛居然十分给力。我在那里遇到了北大的程郁缀教授。程教授也许觉得我还不算太差，便十分慷慨地给了我20分的优惠，并且也将此算到了自主招生的范畴中。当时我真是喜出望外。而后来，我百感交集地发现，最后助我一臂之力的，正是这20分。

在这里我要再次感谢程教授对我的垂青，非常感谢。

等到一月份一过，我好像突然发力了。期末考试难得考了一次第一。而从那以后，我好像就来劲了。自招一步一步地走了下去，模拟考也一直都是第一。高三上半学期荒凉寂寞了五个月之后，我突然奇迹般地又活了。说实话这个事儿我一时也难以解释，可能是因为人品是守恒的，也可能是我内心坚定了，心中有底了（自招给了我一些鼓励），也有可能是刘胖子上课注意听讲尽量完成作业了……总之，2011年的上半年，我过得还算不错。

差不多是这个半年，我才逐渐恢复了自信。虽然北大笔试未过有些抑郁，清华特色测试让我知道自己水平还是太低，虽然所有高三下半学期的恐惧与战栗我都一个不落地经历了——并不是说模拟考考得还行，就不焦虑了。我一直对于模拟考持怀疑态度，而后来的事实也证明了我的焦虑。我之前说过，一轮复习时的月考不靠谱，因为综合性太差，有时强人所难，所以不确定性大。模拟考相对平衡了一些，但是难易程度、试题风格有时与高考相距甚远，甚至背道而驰。我们考完了这个新课标的高考卷，我回头再看五次模拟的风格，发现没有一次摸到了高考的边儿。

高三下半年，我常常胡思乱想。考得好就担心人品守恒而耗尽了人品以至于下次考不好，考得差就担心是状态不佳延续到下一次一路丢盔卸甲，总之很是纠结。现在想来，我只记得这些纠结，因为其他的琐事在高三下学期真是无暇顾及了。我就不详细描述我有多么刻苦了，反正我坚信我是不刻苦的人中最刻苦的。

而事实证明，模拟考的确有损人品。

## 五

高考我考砸了。别的且不论，至少没能像平时一样，考一个全校第一。这是个悲剧，而且不算小。唯一值得安慰的是，我前文提到，我有了救命的20分，总算是能上北大了。

现在我要总结的是高考给我的启示。

首先，不要跟高考讲道理，不要试图对高考使用"我本来应该……""我原以为……"这类的句式。高考只以分数论英雄，考得不好，说什么都是可笑的。你怎么想不重要，重要的是判卷老师怎么想。你平时怎么样不重要，因为模拟考的出题教师不会再去出高考题，平时判你卷子的老师高考也不会判你的卷子。尤其是，当你遇到一套考题，它被三星智力快车附体了，你会发现你见到的题远远超出了你对于高考题的认识。

其次，做事一定要留后路。如果你认识到了第一条，就要做好准备承受高考造成的一切可能十分非主流的后果。但是，如果你不想成了高考的炮灰，你就不能只是承受，而是要去提前做好准备。自主招生就是这个准备，向学校争取政策性加分也是准备，调低期望值算是防御性的准备。总之，最好不要过于自信，以为高考成功舍我其谁，高考考场谁与争锋，就放弃了应该争取的保底措施。就比如说我，虽然很想去北大和清华，但是我也争取了人大的自主招生。加30分上人大可说很有把握了。这就是后路。

还有，高考中固然有运气的成分，但是实力永远是最重要的。你可以期望高考时人品爆发，超常发挥，但是你不能指望你一定能遇到这样的好事。所以，你就不要跟高考讲为什么某某运气这么好而我运气这么差之类的。因为面对这种不确定事件，如果你想得到一个确定的结果，只能是靠自己。我们知道无限大乘以百分之八十还是无限大，换句话说，如果你的水平足够高，是不担心高考时的损耗的。

但是，极少有人能跟高考有如此高的契合度。如果你是的话，那么提前祝贺你。如果你不是的话，就自求多福吧。

所以还是希望看到这些字的人能对高考有一个正确的认识。去体会过程吧，体会过程中自我的成长，这个也许比高考本身更有价值。可能很多事都是这样，就像是战场，老兵当然更容易活下来，但是老兵也不是一定就能活下来。而你死了也就死了，死一次，你活多久也是白活了。高考就是这样。很多时候，没有胜利，只有幸存而已吧。所以今年高考过后我有一点儿抑郁地听着全国各地的高考状元谈经验，都有一种舍我其谁的自信。我不禁失笑。

现在之于我，高考什么的已经都是浮云了。但是我还是愿意跟乐意听的人讲讲我在高三的奋斗。我觉得，我多少还是奋斗了的。

> 所以还是希望看到这些字的人能对高考有一个正确的认识。去体会过程吧，体会过程中自我的成长，这个也许比高考本身更有价值。

姓　　名：刘婷婷
录取院系：生物科学学院
毕业中学：泉州七中
获奖情况：第十九届生物竞赛全国决赛一等奖

# 草木情结

花开有声，花落无闻，花开花落皆归于草木之情。

而我，也在冥冥之中，与草木结下不解之缘。

植物是最纯洁的生命。它们默默无闻，却热衷于奉献。我热爱它们，也崇敬它们，无论在哪里都可以看见它们。在青青校园中有它们陪伴我成长的身影，在冰天雪地的极地中有它们与寒风搏斗的英姿，在悬崖峭壁上有它们坚韧不拔的意志，而在康桥的柔波里也有它们优雅的倩影。它们总有许多关于它们的故事可以诉说，或温婉，或柔情，或坚毅，或刚强……

小时候，我就已经喜欢在草木花海之中徜徉了。在田埂上漫步，感受稻花香里说丰年的气息；在花海里奔跑，与蝴蝶蜜蜂分享乐趣；陪爷爷种下门前的扶桑，看着它与我一起成长；品味人生般铁观音，先苦后甜；长大后上学，我喜欢在香樟树下读书；在柔软的草地上打滚，与同学交换学习心得；在凤凰花花瓣时而落下的路上，欣赏西下的夕阳……在草木花海里，总有一个不断成长的我。

记得与北大的初识，它的美景与我撞了个满怀。忘不了湖边的每一个倒影，塔边的一草一木，都让我更加的痴迷。

上了高中，为了更深地读懂它们，我毫不犹豫地选择了生物竞赛，选择了我的最爱，继续那未了的草木情结。我仔细地捧读植物学，以满足我对植物更深处奥秘的渴望。从生根、发芽，到开花，结果，揭开每一个生命历程的神秘面纱。我认真地观察植物书上的每一幅插图，每一条优美的线条，栩栩如生地刻画每一个可爱的细胞。

在竞赛的道路上，它们俨然变成了一个个精灵。

## 刺桐花开

刺桐花娇艳欲滴，绚烂如火，热情而奔放，一朵朵一簇簇，开在光秃秃的枝丫上，如燃烧的激情，驱逐冬日的严寒，昭告美好春日的到来。

我佩服她这种先花后叶的气概。

拼搏以前，我们需要这种气概，敢想敢梦，先花后叶，点燃激情。

理想应如这火一样的刺桐花，绚丽多彩。一个人的理想越大越精彩，走得也就越远。我们应该相信理想的力量。车尼尔雪夫斯基曾说过："人的活动如果没有理想的鼓舞，就会变得空虚而渺小。"理想的力量可见一斑。

忽然间，我也化身一棵刺桐。

在初始竞赛以后，一次与未名的邂逅，我的刺桐花开了，我把它们化作我的理想。梦想达到巅峰，梦想更加深刻地了解未名与博雅，在未名湖边，在博雅塔下，观赏她的春秋与冬夏，如相思的恋人一般。于是，我把它们写了下来，贴在墙上，让它们不断鞭策我，直到那一次重逢。

可是，我对刺桐的敬佩之情并非到此戛然而止，还有她的有条不紊。

刺桐花开，是梦想的美丽绽放。你若经常在刺桐树下散步，便会知道，花开未尽，绿芽便开始出现，到花完全消失，已是枝繁叶茂。她永远是一个行动派，因为她知道，光开花是远远不够的，只有绿叶才能助她果实满枝头。鲜花的出现也只能是一时的繁盛，果实才是她真正的目的。

梦想再美也只是梦想，付诸行动，才能帮助我们达到顶峰。学习刺桐，让理想花开，迫不及待地长出绿叶，最后才能结出成功之果。

站在刺桐树下，大红色的刺桐花格外显眼，在这鲜艳的红色里，有一丝绿意在萌芽……

## 豆芽初萌

前些日子，我抓了一把豆子，放到一个容器里，然后撒上少许的水。过了一天后，我把它们拿出来一瞧，许多豆子已经饱饱地吸满了水，长出晶莹的小根，成了胖嘟嘟可爱的小娃娃。

我突然间感觉自己与这些小豆芽如此的相似。在追梦的起始，我也是一棵不起眼的小豆子，最开始，干瘪瘪的，还未苏醒似的。到后来，遇到滋润自己的水分，拼命地长出根芽，迎接太阳的到来，接受太阳的照耀。而这起始的水分便是兴趣。

我是跟着感觉走的。我坚信，兴趣是最好的老师。莱辛曾经说过："好奇的眼光常常可以看到比他所希望看到的东西更多。"如果一个人对某种事物十分好奇，那么，他从中所得到的就非表面上的肤浅的理解了。他会对这种事物更加在意，更加关注，从表面上往更深的层次进行研究，对相关的知识的渴望也会像挤干水的海绵一样，一遇到水，便迅速膨胀。

当然，在跟着兴趣走之前。我们必须正确地认识自己。对什么感兴趣，对什么不感兴趣，这是最基础的，就像豆子知道自己需要吸收水分，而非泥土。如果，一个人连自己喜欢什么，不喜欢什么，都不知道的话，他将无异于失去生命力的豆子一样，给它再多的水，他也吸收不了，反而会因此腐烂掉。

我从小就深知，我对神奇的大自然充满了好奇，各种有生命的事物，都会吸引我的眼球，引起我的思考。猫为什么从高楼上摔下来却安然无恙？同一棵植株上为什么会开出不同颜色的花？这些问题经常浮现在我的脑海。所以，跟着兴趣走，我毫不犹豫地选择了生物竞赛。

豆芽吸水是为了成长，而我们也是一样，充分感知自己的兴趣，也是为了长得更高更壮。

吸饱了水的豆芽们现在已经长出绿叶，正在茁壮成长……

## 葵花朝阳

有一种花，永远向着太阳。太阳在哪，她就转向哪，永远不知疲倦，她就是向日葵。

她很执著，也很可爱。

在金色的阳光下，向日葵托着她金色的花盘，舒展着绿色的叶子，摇曳着挺直的身躯，似乎，她一出生，便学会跟着太阳，寻找阳光。无论是刚出现在地平线的朝阳，还是光芒耀眼悬挂在天空中正午的太阳，或是褪去一身华丽的夕阳，她都不离不弃，相伴相随。

太阳的力量是不可估量的。万物因它而生，也会因为它的消失而繁华殆尽。如美丽的国度新加坡，虽没有雄伟的万里长城，也没有古老的金字塔，但它有滋润万物的阳光，有阳光就够了，阳光助万物生长，成就了新加坡花园城市的美誉，也是这样的力量，吸引了可爱的向日葵，造就了它的向日精神。

知识如阳光，力量也是不言而喻的，高尔基说："只有知识才是力量，只有知识才能使我们诚实地爱人，尊重人的劳动，由衷地赞赏无间断的伟大劳动的美好成果；只有知识才能使我们成为具有坚强精神，诚实的有理性的人。"了解这样的真理的人很多，但是，像向日葵一样能够一直追求知识的人却不多。

我欣赏向日葵，更欣赏她的执著，在我们拼搏的途中，向日葵是我们的榜样，把知识当成阳光，追求并成长。

求知好学，让我们的理想有据可循。我相信，太阳和向日葵一定是知己，能读懂对方的心。而我们，也应该和知识成为深交，并用向日葵的执著为我们的理想结出累累的硕果。

向日葵的花又开了，阳光也照得更加强烈了……

## 络石向上

在拼搏的途中，不可能永远一帆风顺，那样结出来的果实就会少了些许甘甜。

有一次，我遇到了一个困难，努力了多次都还未攻克，明显地感觉到自己已经力不从心时，我便怀着沮丧的心情到操场上散步。

无意间，几棵络石吸引了我的注意，他们紧紧地抓住操场的围墙，在围墙顶上开了几朵纯白色的小花，最令我惊讶的是他们扎根于围墙与塑胶地面之间的间隙，像瞬间就会被挤断一般。再向上看有些枝条顶端长着向上攀登的嫩枝，有些枝条越过了突出墙面的砖头，墙的顶端，已经有了胜利者的身影。

殊不知，这小小的圆叶子，平凡无比的小白花，柔弱的枝条，竟如此的强大，我被震慑住了。

这是令人敬畏的生命，相较之下，我显得多么渺小，人生如斯，面对已经达到一半的目标，却因为发芽的地方太挤，攀爬的地方有重重阻碍而停止不断向上，那么便停留于此，或因得不到阳光而渐渐衰老，到头来只剩后悔不已。雨果有句名言：世人缺乏的是毅力，而非气力。

很多有目标有计划的人成功不了，都是因为在他们心中少了这样一棵络石的扎根，没领略过它向上的力量，也不知坚持为何物。

在求学的过程中这样的一棵络石的存在是必不可少的。我们的思想、知识，并非一日就可成就的，坚持向上才能筑成我们知识的城堡。不积跬步，无以至千里；不积细流，无以成江河。而在风雨中的坚持，成就的会更多，也更难能可贵。

渐渐地，在我心中，一棵坚韧的络石已经扎根，在我无助的时候，提醒我向上，向上……

## 花生落果

我曾经认真地观察过落花生，她蛋黄色的小花开在绿叶之间。可是当要结果时，这黄色的小花便掉在泥土里，果实也结在土地中。到了收获的季节要将其连根拔起，才可见丰硕的果实，才知道她的成就是什么。

果实是收获的象征。我钦佩落花生这种无声的收获，我们追求梦想，希望努力可以得到回报，但是这种默默无闻也是我们追求的一种境界。

像许多竞赛得奖的同学一样，成功不能静止不动。满足于眼前的小成就，最后会丢掉大成功，一阶一阶地往上爬，一点一点地进步。当时间帮我们淘汰掉大部分对手后，我们就会庆幸我们当时没有停在原地沾沾自喜。虽然我们没有像其他植物一样，把果实高高挂在枝头，以显示我们的小成就，受到路人称赞的眼光，但是在不远的未来，我们会发现我们收获的比别人更多，更精彩。

其实，花生落果也需要勇气。当金黄色的稻穗向世界宣告她的果实把她的腰压弯，以示她的收获时；当番石榴以她果实的香气引得过路人的回望，以炫耀她的成就时；当荔枝在茂盛的枝叶中挂出一个个鲜艳的小红灯笼，以庆祝她的丰收时；落花生选择了沉默，这需要多大的勇气。为了这一颗颗的花生，她付出的远比别的植物多，而到了可以沾沾自喜的时候，她却以一种把果实推入地下的沉默处之。

她想让种子快点萌芽,接受新一轮的洗礼,收获新一轮的喜悦。

学习落花生吧!求学的我们,在取得成就之后,立即调整自己的状态,迎接新一轮的挑战,尤为重要。骄傲自满,沾沾自喜是失败的好帮手,它可能不会立即打倒你,但在充满竞争的今天,它会拉远你与别人的差距。可见,以平静的心态对待成功的重要。

夏天到了,落花生又落果了,而你,准备好了吗?

有时候,我常常想,如果让我变成一棵植物,我会希望变成什么呢?

在我的梦里,我化身成不同的草木,感受到她们的视角,她们的生活,她们的情怀,她们的世界。

在我完成了人生的第一个目标时,站在领奖台上,我才明白,这一过程,我没有淡忘她们,反而,学会更加珍惜。因为一路上走来,有她们相伴。

一路上走来,有刺桐花开,她们告诉我梦的起始,要胸怀理想。

一路上走来,有豆芽初萌,她们告诉我梦的过程,要忠于兴趣。

一路上走来,有葵花朝阳,她们告诉我梦的过程,要热爱知识。

一路上走来,有络石向上,她们告诉我梦的过程,要学会坚持。

一路上走来,有花生落果,她们告诉我梦的结尾,要淡忘荣誉。

一草一木皆有情,我知道在未来的路上,她们也会陪我风雨兼程!

其实,花生落果也需要勇气。

为了这一颗颗的花生,她付出的远比别的植物多,而到了可以沾沾自喜的时候,她却以一种把果实推入地下的沉默处之。

姓　　　名：马玉玲
录取院系：信息科学技术学院
毕业中学：上海市七宝中学
获奖情况：第九届上海市明日科技之星评比获"明日科技希望之星"称号
"外研社杯"第24届中学生作文竞赛高中组一等奖
上海市"华理化工杯"高中学生化学竞赛二等奖
2010年上海市青少年"白猫杯"应用化学与技能竞赛三等奖

# 高三，学会优雅从容

在小学的时候看过一部电视剧，叫《激情岁月》，看到一群高三生们艰辛的努力，痛苦的彷徨，纯洁的友谊，执著的希望，以及蜕变般的成长。彼时觉得高考是多么遥远的盛典，一转眼，也已经成为曾经的纪念。高三教会我的并非拼命三郎式的奋力厮杀，而是怎样优雅而从容地穿越所有的烟云风雨。

我从前并不是一个抗压性强的人，我习惯在事前为某个目标做足充分的准备，因而也总免不了要为此而紧紧张张忙忙碌碌，完全转移了暂时的生活重心，使得长远的计划一变再变。我常常觉得自己的生活被割裂成无数个离散的片段，却难以连成一条既定的路线；而自己也难免处于高压、放松、再高压、放松的情绪循环中，仿佛坐过山车一样，刺激却也疲惫，有效却非持久之道。

不得不承认，在新时代没有经过大风大浪打击的小孩儿们眼里，那一次次残酷而蛮不讲理的考试和有人欢喜有人愁的分数就已经是最大的考验了。刚刚进入高三的时候，我难以适应繁多的作业、频繁的考试，每天与作业为伍，早把复习重点、查缺补漏、自我强化等任务忘到了爪哇国。可想而知，每次考试都变成了一个巨大的沟壑，我像个悲剧的苦劳力，拼命地填充我尚未记住或完全领会的知识，晚上十二点睡，梦里做着grammer、cloze、vocabulary；早晨三四点起，揉着惺忪的睡眼，继续和古诗词文言文作文素材艰难鏖战。而过了考试的一大关后，我又难免以犒赏自己为由小放一两天假，恢复了晚上十一点睡早上六点起的自然醒状态。

"起五更，爬半夜"和"睡觉睡到自然醒"交错的日子过久了，我心里开始不安稳。很多知识都成了各个小考之前的短时间记忆，下次使用时只留下朦胧的印象和一声"书到用时方恨少"的无奈感叹。终于，怕最终跌下悬崖的恐慌让我开始学着计划每天的时间：做作业、复习、强化各时间段，语数外和化学选修的时间则根据自己的需要各占长短，整体复习的进度也列出了明确的计划。我尽量不让眼前的一两场小考或某些临时任务干扰日常规划，让自己沿着期望的既定方向一步步踏实地走。此时考试反而成了最佳的检查员，尽职尽责地告诉我什么地方应该加强，考试的题目有怎样的指向，于是我的规划也就在及时补充和删减中更加完善。我不再为考试而烦恼重重、压力重重，不再相信临阵磨枪不快也光，即使成绩不理想时仍难免小小郁闷一下，但至少，我学会了从容以对，学会了以更加优雅的方式向目标前行——那便是有条有理、稳扎稳打，而非像载物的驴子，被打后才懂得奔跑。

自此以后，我也渐渐把目光投向同学们，观察大家的学习方法和状态。因为我是从外地转学来上海的，因而也更能发现两地间的不同。上海的"兄弟姐妹"们有一种不同寻常的特质，我不知道怎样概括，想来想去还是那个词：优雅。记得有一个星期有好几个高校相继笔试、面试，班内大半同学都牵涉其中，而课内的学习任务同样不轻松。按说教室里应该是一片死气沉沉埋头苦学的气氛，同学们应该是顶着大大的熊猫眼、身后一个个怨念的"黑洞"气场，可我们偏不。大家还是照样为体育拓展课难得的放松时间兴奋不已；还是每天笑着和同学们问候"早安""晚安""明天见"；中午还是照常在前后桌之间开小餐会，分食各种水果、饮料、小脆、鱿鱼丝、偶尔的膨化食品。在一片欢乐的景象中，学习的气氛不减反增。同学们拿着自主招生的书籍孜孜不倦，追着某学科的专家请教难题；中午常常一不小心就开起了讨论会，同学们争辩着某选修科目的难题，或者交流自己目前掌握的时政材料、面试技巧；教室前面的报纸成了炙手可热的圣品，同学们还请和蔼亲切的政治老师帮大家总结新闻……我们并未因为什么"天大的事"而偏离自己原来的生活轨迹，放逐欢声笑语；并未因为竞争的激烈而互相使坏、尔虞我诈；也并未因巨大的压力而沮丧忧愁，只是积极地应对、积极地筹划，不焦躁、不急进、不抱怨、亦不迷失。我想，这便是生活的姿态，未必美丽动人，却绝对优雅从容。

每每想起这些时候我都会觉得庆幸，我来到上海，来到七宝，见识了一个非同寻常的高三，见识了一种非同寻常的生活。高三的狂欢节大概是最令我难以忘怀的回忆。我们的校长"海哥"一身古装、长发长须，有模有样地扮演着孔仲尼，语文组各位教师则分饰子贡、子路等弟子，上演了一出十分精彩的"穿越大戏"；模仿秀中各位同学将老师的形态、动作、口头禅模仿得惟妙惟肖，既是我们献给老师的一份大礼，也让同学们尖叫呐喊此起彼伏；同学们还改编了校歌并配上动感十足的舞蹈……参与表演的同学不乏高三的学生，但无人推辞，反而乐在其中。还有"枕头大战"等节目专门供我们释放压力、疏导情绪；"涂鸦墙"让我们写写画画诉尽衷肠。是啊，我们可以在学海中遨游孜孜不倦，也可以释放压力拥抱青春，一朝之内 High 翻天……我们不会被繁重的学业压垮和扭曲，因为我们会学，也会玩。这便是拿得起放得下的优雅，是学与玩、苦与乐结合的健康人格的优雅。

渐渐地，我也懂得了怎样在高压下放松自己。今天看见难得一现的星光忽有所感,就轻轻拈一支笔,写一首小令,凉如水的夜色,俨然就是千年前牧之眼里的夜色;明天做题身心俱疲时,戴上耳机,重温仙剑的音乐,仿佛又回到在仙三中沉醉不知今夕何夕的疯狂日子;后天早晨醒得早了,在蒙蒙的天色中纠结几道尚未做出的数学题,一任寂静在周身弥漫散开,也别有一番情致。偶尔在下雨的晚上沿着操场静静地走,看远处的万家灯火温暖守候;偶尔课间和同学一起去小店,买一瓶饮料,边喝边走边讨论题目,或者八卦。原来高三从来不是灰色的,只要你喜欢,它可以郁郁葱葱满目生机。有情调地走过所有艰难的日子,亦是不易求得的优雅从容。

在临近高考一个月的时候,语文杜老师向我们发起了"文言文大会战"的倡议,希望我们在最后关头加强训练,让文言文阅读水平更上一层楼。我们呢,则不仅仅响应了此项号召,还有样学样地相继发起了"数学易错点大会战""英语spelling大会战""化学有机大会战"等等。每天大家如火如荼地攻城略地,一步步接近我们的总攻阵地,真颇有些"红红火火干革命"的味道了。我们每个人都走向了一场属于自己的决战,但我们不会惶惶不安,因为这是一场有准备的战役,因为我们有并肩的战友,我们不是一个人;而事实上,这场战役亦不是生命的全部。

这个道理其实是在我做课题的时候明白的。那时候的我还觉得高三的一切努力都指向高考,觉得这是一场非赢即输的战役,是关乎一生的关卡。我做课题当然不是为了什么个人兴趣,而是奔着明日科技之星大赛一等奖那20分高考加分的优惠政策。毕竟,多点加分总是多张底牌。

然而,当我一边做功课一边碎碎念"我的实验记录还没有整理",当我写论文改PPT凌晨入梦、三点起床,当我每天背讲稿、对着镜子观察自己的神态手势不断改进,当我一遍又一遍设想专家们的提问并研究回答,当我某次考试前为了规范实验记录册、平生第一次通宵的时候……我开始自问,我的选择到底值不值得?并非努力了就一定能杀出重围摘得桂冠,何况我浪费了那么多时间,说不定我天天这么学习的话20分也学回来了。这岂不是赔了夫人又折兵的买卖吗?!我一度怀疑自己,怀疑我的一切努力都将是竹篮打水一场空。

然而,我见识到了比我更"走火入魔"的角色。小X同学也做课题,他每天中午都往指导老师办公室跑,背讲稿,请教还没具体化的细节,也不时提出自己的意见;抓住自习课向同学们介绍他的课题,请大家提出修改意见,甚至出了"提意见给糖吃"的狠招儿。他的课题开始较我早很多,按理说讲稿等早应该烂熟于心,可是他还不停地温习。我惊诧地向他询问,他却说讲稿已经改过好多版本了,每次听到合适的建议就大刀阔斧改头换面,像极了一个偏执的完美主义者。我一度以为,他是对20分志在必得的家伙。然而他在得知自己获得交大预录取、完全不再需要加分时,仍然不改初衷。他说,只是希望自己的创意获得肯定而已。

而已,又岂止这两个字道得尽。就像程菲所说"爱了,就拼了"——因为兴趣,因为爱上,所以不问结果;因为梦想,因为努力,所以一切值得。原来即使在高三,也还有一些人愿意不计代价地追求所爱,愿意勇往直前不问退路,无憾亦无悔——即使所有的努力可能对最后的高考分数毫无益处。这也是一种优雅,是不计功利的纯粹,是追求梦想的执著。不论是否有观众,都要在属于自己的舞台上,华丽而坚定地舞蹈。

我渐渐真的爱上我的课题。我开始不为20分而烦心,只是希望自己做到最好。虽然最终我依然与一等奖失之交臂,然而我在整个过程中获得太多。学到的课外知识、探索研究的乐趣、思考问题的方法、论文的写作、答辩的技巧……这些都是高考永远无法教会我的东西。做课题参加比赛成为我高三岁月最弥足珍贵的经历,而那一个个漫长而忙碌的夜晚,也都变得唯美成为享受。高考远远不是生活的全部,它或许重要,但不值得我们放弃一切追逐。

小 X，谢谢。那份纯粹的优雅曾经被我弄丢过，谢谢你让我找回。

高考前夕，说丝毫不紧张那是骗人的，毕竟明天是个大日子。同学们之间互相发着提醒彼此的简讯，互相保佑和安慰。我看到人人网上流传着各种各样关于高考的调侃。

——为什么高考在 6 月 7 号、8 号呢？因为 678 连起来是"录取吧"。

——你知道屈原为什么投江么？因为高考各科他都不会，唯一只会作文，结果作文要求还是"体裁不限，诗歌除外"。

……

我脑海中蓦然浮现出同学们对生活形形色色的调侃。

——"一个星期要考三次化学，我再也不相信爱情了。"

——"当一天要考 N 场试时，每个人眼前都会飞过一只鸟，它的名字叫'受不鸟'！"

……

很多时候，感谢我们在身处压力之时仍然有玩笑的力气，有调侃生活、调侃自己的勇气。我们并非去抱怨什么，也不是像愤青一样亵渎他人，只因这样另类的幽默使我们过得轻松而明快，把生活调剂得仿佛喜剧艺术。在风雨中穿行时我们追求目标、深藏信仰，但更不要忘了调侃，化沉闷为轻快，化郁闷为力量。这是对生活的思考和最佳体认，是内心强大坚定的另一种从容优雅。

高考结束。高三的纷扰尘埃落定。这一年我学会最多的就是，永远不要把成绩当成太过重要的事、当成生活中唯一的事。当然这并非说要对学习毫不在意，恰恰相反：因为我们一直足够努力，所以才会显得不再费力；因为我们已有余力，才会看见丰富纷繁的生活的最终意义。

最终考上北大无疑是一个令人振奋欣喜的结果，然而这更意味着未来无数新的挑战和机遇。高三教会我的将继续陪伴我走向大学的路，翻过山川、越过河流。无论在人生的路上走过多远，走向何方，我会始终记得，优雅从容。条理清晰、忙而不乱的优雅从容；积极奋进、乐观坦然的优雅从容；寻找情趣、艺术生活的优雅从容；坚定执著、追求所爱的优雅从容；以及，看清生命、认识世界而非一叶障目的优雅从容。只有这样，我们才不是仅仅在生存——为成绩、为工作、为金钱而挣扎的赤裸裸的生存，而是真真正正地在生活。

> 这一年我学会最多的就是，永远不要把成绩当成太过重要的事、当成生活中唯一的事。当然这并非说要对学习毫不在意，恰恰相反：因为我们一直足够努力，所以才会显得不再费力；因为我们已有余力，才会看见丰富纷繁的生活的最终意义。

姓　　名：刘　晗
录取院系：地球与空间科学学院
毕业中学：陕西省西安市铁一中学
获奖情况：全国高中数学联赛省赛一等奖
　　　　　物理国赛铜奖
　　　　　西安市十佳中学生

# 十二年

窗外，雨。

小伙伴们刚刚才走，天空突然就下起了不小的雨。窗外淅淅沥沥地下着，吧嗒吧嗒地打在玻璃上。天色是一贯到底的灰白，地面色彩斑驳，空气中充满了咸的味道。远方的山悄悄地隐去，对面的楼宇被模糊了一层雨帘，玻璃上雨水一串串滑过，带走尘埃。

暗地听着窗外的雨声，伙伴的问话仍然在耳畔回响。

十二年，有多少梦？

我站在窗前，凝视，执笔。

执笔，安静地在小学二年级教室里写着东西。

然而教室却并没有那么平静。在教室后方，老师连同家长正在面对一个学生。家长显得十分尴尬。

那个女生之所以坐在后排，家长被叫来，是因为她没来由地用指甲抓别人，包括老师。她本是这学期才转来的。她将周围的同学抓伤，所以老师把她放在了教室最后，结果她将老师也抓伤。家长最后终于把她领了回去。

于是，从那天起，我再也没能见到她，只留有她挣扎的片影。

还有，一丝惊讶。凭着年幼的直觉，我把这件事忠实地记下来。

在以后的人生当中,我甚至更加深刻地感到,那样的歇斯底里,是怎样的苍凉悲壮。生命在最细嫩的时节遭受打击,分不清天灾人祸。人生还没有进入社会,就已经险象环生,几乎倒在起点,可凭着残破的开端,如何得以成就完满的以后?

然而更值得担心的,还是性格本身。从小便显示了严重的心理问题,作为另类处于人群当中,在我们这个偏僻的县城,无法得到及时科学的帮助,将会是一种多大的痛苦,由此将会导致多少次的坎坷挫折。

生命是多么宝贵,每个人只有幸享有一次而已,然而风雨会这样不幸地降临,毫无怜惜之心,对一个弱小的二年级女孩。而我,第一次感到,我与别人有所不同,在她崩溃之时我却可以思考,在她跌倒之时我仍然站立。面对别人的不幸,深深地体味到命运对我的垂青。

她的故事,就这样悄悄地被那群还不知世的孩子遗忘,以后再无人提起。也就这样被老师遗忘,因为在我们县城总常有这样的问题孩子。也许也被举世地遗忘了,她也许今后也就待在一个不与世俗打多少交道的地方终其一生,无论经历了多少壮烈,情感是多么激烈,内含了多么巨大的痛苦,终究隐没在世界平坦的表象之后。

再无人问津。

执笔。坐在高中课堂上,看着老师的脸色,心中不安。

从决赛的失利,再到保送考试的失败,老师看我的表情越来越凝重。

再加上,我没有完成作业。

老师就这样走开了,一句话也没说。果然下课后老师叫我谈话。

他表达了对我学习的深刻担忧。要知道,我已经高三,不是小孩了。不再是小孩了,怎么现在都不努力拼搏?

面对老师的问题,我不知该怎么回答。事实上从开始就知道老师一定会这样问的。

只是……

只是什么？

我也不知道。

我很想说，我累了，不能努力了。

成绩滑到了年级二三百名，在我们班则垫了底，经常被叫去谈话。老师们对我十分好，只是我不好而已。

不小心就能听到老师谈论我的情况。不少的人对我表示悲观，听到了常常心里一沉，但还有老师表示乐观。

但，我不能就这样浪费掉珍贵的时间，珍贵的生命。

十年间的事物渐渐让我明白，命运是不会偏心的。它是最公平的。当人们努力时，它便会给予回报，并不会那么轻易地掉馅饼。我明白，绝不能乞求奇迹，现实是冰冷的，就像一面墙没有温情，绝少奇迹。

于是，我在思索，如何改变。

再想想以前的轻狂，这一切现在看来都是那么明白地显露了我的无知。想想以前多么热烈地去学习高数，普物，却建立在高中知识都还不到家的基础上，怎可能不摇摇欲坠。

在现实的面前，理想是一朵名贵的花，是一首天籁般的音乐，是一幅壮丽的画卷。它让我们热血沸腾，但如果不着眼现实，它又会让我们倾家荡产，玩物丧志。

于是，咬咬牙，坚持一下。

虽然结果仍然没有那么理想，毕竟在年级靠前了，虽然考分不算高，还是勉强地，有了一个结果。

这在几个月前还被认为是一场轰轰烈烈的回归，现在想来仍是那么心浮气躁。这个小小的艰难，比起将来在人生当中所遇的重大问题，比起那些身患重疾、父母离散的不幸的人所遇到的问题，比起那些关系生死存亡的问题，这是多么微不足道！比起人生的博弈，这算得了什么。无知而已。

但我仍然希望，希望着这一切的怀想，和这些单薄的经历，能够化为与命运对抗的信心，用百倍的热情投身于未来的洪荒世界，双肩能够挑起的，将是整个轰轰烈烈，激荡起落的人生。

你说，一生会有多远？

小四这样问我。

我拿来一张纸，写了一个算式，（100－12）×365，说这可能就是一生的时间了。

我反过来问他，你说咱能不能活一百岁？

他说，能又怎么样？

就算能活到一百岁，又能怎么样，还不是会死去。

我想想也对。听着窗户外面稀拉的雨声，又想想，在算式后面加了一点：减去睡觉的时间。

又想了想，又加了一点：减去浪费的时间。

"生命诚可贵，爱情价更高。若为自由故，二者皆可抛。"

表哥还是在闲暇时节喜欢"盗用"裴多菲的名言，喜欢读书，喜欢打球。

这一年，表哥高三，堂姐高二，我初二。

从初一来到市里，就再也不见伙伴，只和爷爷奶奶住在一起。当然还有表哥，堂姐。在这里，我亲眼所见，他们的高三，如何努力，进步。

表哥还是那么喜欢读书，但做题的时间多了。还是那么喜欢打球，但熬夜的时间多了。常常学习到凌晨三点钟。

我不禁问他，不会困么？

困又怎么样？累又怎么样？

对啊，困又怎么样，累又怎么样。在现实的铁壁面前，会有轻松自如么？会有悠闲自得么？会有游戏人生么？

眼前是万丈的高山，背后是流走的时间，面对的乃是别无选择的艰难困苦。横在生命中的事物，总会到来，终究不可能逃掉。当我们远远地观望这些事物的时候，我们是多么从容自在，毫无紧迫感。殊不知时间的洪流无时无刻不在带着我们向它们靠近。正如三年后的我。如一年后的2012届。如几天后表哥要去的工作。

时间持久地独自流淌，公平地给每个人每天二十四小时。未来的事物缤纷多彩，可是时间却只有那么多。在这些珍贵有限的时间中，我们吃饭，睡觉，游玩，聊天，唱歌，打闹，哭，笑，玩……还会有多少时间能让我们筹备应对未来？

想想自己的未来，我希望它能够有些什么。想想。应该有丰富的专业知识，起码读到硕士。还要有更加丰富的其他知识，因为我还是那么热爱自然科学的种种，肯为它们付出时间，去思考，自学也好。还要有足够的社交技巧，能够应对人情场、生意场的种种。还要有精彩的人生，有品位，有变换，登山，潜水，旅行，锻炼，高尔夫……

于是，为未来的复杂所限，在有限的时光中。

困又能怎么样？累又能怎么样？

能怎么样？还不是妥协于现实？

想想，关了电脑，学习。

"生命是一袭华美的袍，爬满了虱子。"

读到这句话，已经是在中考以后的假期。

在那个时间，读了几本书，抒发了点小的感慨。可是，生命到底是什么？一生到底有多久？

想想张爱玲的境遇。上苍对她是那么特殊，既给了她远胜世人的无尽才华，又赋予她坎坷苦难的一生，让她生于繁华和苦痛的矛盾当中，逝于清冷的异乡。

也许，便也只有她才能够最为深刻地体味生命的精彩和苦痛。

也许，生命只是一场更长的梦，比十二年还要长得多。

在我们所观察到的世界中，有的人在生前大红大紫，死后更被尊为天人。有些人在世时从无名望，却被后世的人重新发现。还有些人遭受千古骂名。更多的人，则默然走过一生。死后十年，便不再会被常常提起。百年之后，人们已经不再记得他的好与坏。再过一个世纪，全世界将永远地失去有关他的一切信息。这便是举世的遗忘。一个最为悲壮的节目，因为它演的是谢幕。

而我，是不是要复制这样的人生？

当我们在问一个人人生的长短时，我们应当明白，长短，并不是由在世的时间决定的。有的人活着，可他已经死了。

庸碌的人生，只有不过二百年，仅此而已。二百年后，人们不会记得他，他的子孙不会想念他，他的居所早已被拆不复存在，他待过的地方早没了他的一切痕迹，墓碑上的字已经不能辨认。

可是还有一些人，他们的生命已经有了几千年，并且还将延续。匈牙利爱国诗人裴多菲，他有生之年只经历二十六个春天，但他的人生却远没有结束，他还活着，在我还不知道他的存在的时候，他就借用表哥之口熏陶我的情感。社会在动荡，不停地有人出生，死亡，不停地有事物创生，湮灭，可他们却能在千年的激荡当中永恒地存在。他们，与整个人类共存亡，这是多么宏烈伟岸的奇迹！

想想人生只有数十载，仅此而已，除去吃饭，睡觉，游玩，聊天，唱歌，打闹，哭，笑，玩……折合起来，恐怕更是让人连算都不敢去算了。在有限的生命中，这些伟大的人所做到的，便是无限地延伸自己的人生，乃至达到永恒。

他们为了心中的愿想，用超于常人的勇力义无反顾地投身社会，甚至明知不可为而为。他们用满腔热火，凭借心中信念与激流拼命厮杀。他们的力量则来源于心灵，心怀最为纯正的信仰，双翼携裹烈火呼啸前行。

这样的人生，才是真正精彩豪迈的人生，比起庸庸碌碌的一生，它们是多么地恢弘博大，惊心动魄呵！

而张爱玲的一生，便是这样的惊心动魄，恢弘博大。

原来生命确是一件华美的袍，包容着一颗内核，即便爬满虱子又有何妨？剥落外皮，便是最为优雅真实的灵魂。

当我们最终走完七十载春秋，垂垂老矣，仍然笔耕不辍；八十载后深深喘息；九十载后回过头来，此生曾经做了一件惊心动魄、恢宏博大的事，曾经抒发过激荡人心的感慨，曾经感念过超然的壮烈，足矣。功过是非，任人评说。

想完了这些，看看眼前的楼，窗外的雨，饮下冰凉的水，继续在键盘上敲打，又真实地感受到现实的硬度。未来总是那么远，不可预料。现在想想，也就是想想，幻想而已，能有多少意义？眼下还有整个学业，还是多读读书来得更现实。

前述有三个问句，至此解答完毕。

"你真的要走么？"

"是的。要走了。明天。"

"要记得我。"

"一定。"

——2007.12

于初三上学期。

自从初三转学到了新的环境，初一初二的所谓"异地"一天天地变成了家乡。当我们走向远方的时候，才知道，原本以为是陌生的遭际，其实是一种难得的缘分。

我们离开老朋友，见到新朋友。直到别离的时候，才觉那些新朋友，同样是弥足珍贵的宝物，竟只有痛下决心，才能够狠心，离开。

但，人终究是要离开的。无论多少牵绊，思思缕缕不可放手。当现实立在眼前，只有斩断。

面对新环境中的新面容，是新的相识相知，并肩作战，互相帮助，共克难关。这是一个成员来自各地，相聚了一年的集体。我们团结友爱，真诚互助，心心相印，留下多少感动。

人生当中，不停地发生着聚散离合。不停地和千千万万的人相见，到最后却仍然只剩了一个人，走一路寂寞，喝一杯水，唱一支歌。一年后，中考结束，班级成员还是走向了不同方向。

就如同，今日，高考结束。我们走遍海角天涯。

中考完的第一件事，就是找以前的同学。想想过去真的不懂得，走得如此匆匆，以后便与同学几无来往。

几番周折，联系上了小四。

对他来说，中考成了人生中的第一座高山，他翻不过去。于是，他上了一所3+2高职。

他告诉我，他再也受不了读书，受不了他的家庭。

从上初中，我便和他分离，以后再无联系。并不知道，后来他抽烟，打架，已有满身的流氓气。他和家里闹矛盾，和老师同学作对，荒废学业。

于是，再见到他时，我几乎无法认出这是小时候那个小四。怎么也难以把面前的这个人，同小时候与我一起上学，一起玩，一起想明天的那个孩子联系。他已经不是那个天真可爱的小孩。

在那一刻，我忽地明白，从此以后，我便和他走上两条全然不同的道路。他将过早地走出象牙塔，走入社会，同那些我永远都不会见到的人交往，从事我从来未料到的工作。而我对于他，也确乎是一样。

每个人在成长的过程中，遇到的每件事，遭遇的每一场欢乐与苦难，都真真切切地左右着他的观念。于十二年中，成就迥异的人生。我的世界，和小四的世界，已然不同。我所喜爱的，遭到他的排斥，他孜孜以求的，在我看来却是奇闻。

三年的时间，已足以让我和小四分道扬镳。

后来又联系到了许多别的同学。他们有的同我一样将读高中，有的同小四一样上了3+2高职，有的学了艺术，有的去当兵，有的将要工作，而有的竟已经工作了三年，在当学徒。

有的心怀在高校求学的愿想。有的希冀能拿到一张至少本科的文凭。有的打算混个大专。有的打算念到高中毕业。有的对文凭没有任何热情,连拿到初中毕业证都没什么感觉。有的一心想投身社会,打算从此便可自由地钻进社会的黑暗大潮里面,荡来荡去混钱。

由于观念的不同,我们即使身居一地,也如海天相隔;即使立在对面,也找不到话题。

简单地转了转,我们就分开了,他走上他的路。

后来,中考成绩公布。同学互相祝福安慰。

后来,我顺利到了向往的高中,理想的地方。

窗外,雨。

忽然想起,中考出成绩时,心中的七上八下,忐忑不安。

可是,在高考出成绩的那一刻,却是那样地泰然,心如平静的水,毫无波澜。尽管并不那么尽如人意。心里早就做好了准备,将要完整地拥抱一切,无论会是什么。

突然发现,我长大了。

我长大了。不再是小孩了。

此刻,窗外仍是风裹携着雨扫过。窗内,我已不再是那个小孩。

而这曾经经历的一切,都已忠实地被记录在回忆中。

成为十二年间,静静流过的梦。

时间持久地独自流淌,公平地给每个人每天二十四小时。未来的事物缤纷多彩,可是时间却只有那么多。在这些珍贵有限的时间中,我们吃饭,睡觉,游玩,聊天,唱歌,打闹,哭,笑,玩……还会有多少时间能让我们筹备应对未来?

姓　　名：童心怡
录取院系：外国语学院
毕业中学：南京外国语学校
获奖情况：江苏省化学竞赛二等奖

# 四季故事

## 秋季故事：行行重行行

学习的日子是最苦的，特别是身处（1）班这样一个优秀的班级，被或聪慧或勤奋或两者兼有的同学包围。进入理科实验班的第一天，老师就告诉我们："（1）班人不是一般人。"这是支撑着许许多多优秀的"（1）班人"甘于埋首枯燥题海的动力，但我却对此没有特殊的兴趣，更难以对无趣的各科习题产生种种狂热的爱好。

理科实验班的日子过得很充实，我却不屑于这种充实。每当看见同学们一脸热切地追着老师问问题，或是埋头伏案做题，我总撇撇嘴：这算什么呀。那时候我已经打定主意大学不去学什么数理化生，而高中内容对于我这聪明的脑袋，还不是小菜一碟？

我没心没肺地过着"快乐"的高中生活，看书，闲聊，游戏。妈妈也曾询问我学习的进度，但总被我刻意翻旧的书本糊弄过去。在某个无所事事的夜晚，我也犹豫过这是否算是自欺欺人，但一大堆难写又无用的竞赛题使我筋疲力尽，我的热情被琐碎的定理消磨得一干二净——我把它们堆在一边落灰，继续看可爱的散文。

期中考试在不动声色中步步逼近，我开始慌了：复习题还没做完，书上的定理更是半点儿都不熟悉，更别提最近糟糕的小测验成绩了！我匆匆扔掉手边的散文小说，却难以拾起从前对数理化优秀的思维能力：做题速度奇慢，错误百出，连公式都能用错！

考前一天，我对着落了灰的、被匆忙摊了一桌的题目默默地哭了。

果不其然，两个月的荒废使我在考场上手足无措。有的题目我完全看不懂，公式在脑子里成了一团糨糊，计算时对自己毫无信心……当噩梦般的铃声响起，我还有两道大题没做呐！我开始惶恐，害怕看见卷子，也害怕面对老师家长的责备，更害怕回忆起我对理科的不屑一顾。我似乎第一次明白，人是可以选择放弃承担责任的，但由此而来的严重后果却无法逃避。在面对现实的时候，是没有后悔和惭愧的余地的。

拿着卷子回到家，面对妈妈的厉声呵斥我只能低头承受，无法辩解。我仿佛是被放逐在了世界尽头，连自己都无法理解自己。我哭得喘不过气——这是我人生第一次遭遇如此困窘的境地，我想躲进房间，谁也不见，什么也不想——但在妈妈轰然摔门的声音中，我体会到了前所未有的酸涩：我还能逃避下去吗？我开始审视那三张惨不忍睹的试卷。

那是最苦最涩的时候！连"一落千丈"这个经典名词都无法比拟其中的痛苦。我一边抹泪一边仔细订正，卷子被泪水打得坑坑洼洼，变得黄而脆。我订正的不只是卷子，而是那偏差了两个月的人生。有什么能比承认自己的完全错误让一个骄傲的人更加难过呢？我无数次想就这样算了，却又在下一秒强忍眼泪继续演算。

我成了班里最刻苦的学生之一，我尝试着像同学们一样缠着老师弄懂弄清每一个知识点，把空闲时间用来纠结各式竞赛题，我买回许多例题认真地分析每一种题型巧妙的解法……渐渐地，做题变得不那么难熬，挑灯念书变得那么妙趣横生。在绝妙的公式定理间，我捕捉前人智慧的火花；在复杂难懂的竞赛题里，我充实自己的知识。我开始为一个定理的证明拍案叫绝，为了最后的答案反复演算而毫无怨言,我沉浸在严谨的推理中不可自拔——科学的美存在于她的严谨和枯燥中,她从不用外在的华美吸引人们为之如痴如醉,只宽容地拥抱穿过层层障碍看见她内在的和谐与理性的人们。

我的成绩回到了班里前几名,我做题的思维回到了我的身边。但漂亮的成绩单、满意的名次给我带来的快乐和满足,在这样的美丽面前,显得多么微不足道。

我时常回忆起那几个边流泪边订正试卷的夜晚,也时常感叹那时的我无与伦比的勇气和毅力。没有那时强忍泪水的痛苦,也就绝不会有今日被北大录取的我。人生就是如此,不经历蜕变的阵痛,永远品尝不到破茧成蝶那一瞬间的甜蜜。

## 春季故事:涉江采芙蓉

高二下学期,我家养了盆芍药。

它长得极快,头几天看还只有零星几片叶子,再看时却长出了密密的长而尖的叶片,接着就是花骨朵儿一个个地冒出枝头,然后是次第半开,最后便有了幽幽的略苦的清香在鼻尖徘徊不去……

芍药盛开的时候我却遭遇了一个不大不小的挫折。那是个日光明亮的午休,班主任走过来跟我谈学校排名和竞赛成绩,末了她说:"你别再搞竞赛了,专心课内学习,你每次都能进年级前五。"这话像雷一般炸在我耳边。

怎么会这样呢?我竞赛成绩虽然不如"大牛"们,却也挺好。更重要的是理科竞赛带给我的欢乐和自信是不可言说的,更别提马上就要到初赛的时候了!竞赛学了近两年,虽不是最好的,但看过的书、做过的题也攒了许多,倾注在其中的心血不可计量,如今正要收获成果的时候,却叫我放弃?那我怎么舍得!可是学校的成绩是根本,绝对不能不在乎……我方寸大乱,开始迷茫不知所措,开始想即将在半年后到来的保送。权衡利弊太难了!两边都是不可割舍的部分，剜去了哪一边都是痛如刀绞，最难的不是努力而是选择。

迷茫伤感的时候我喜欢静静地看怒放的芍药，期盼它的艳丽风情能舒缓我心中的苦闷。然而有一天，芍药的第一片艳红的花瓣随风颤颤落在盆中……为了这半月的开花，我家从去年秋天便开始忙活，选苗，培土，分株，施肥，浇水。辛苦许久，得到的不过是半月的风姿绰约，然而全家却仍甘之如饴，甚至早早开始为明年芍药的开花准备——这，又是为了什么呢？

为了美，为了快乐！心中有个声音低低地回答。

是啊，芍药开花固然很美，但难道今年芍药不开花全家便会抱怨乃至心痛吗？不，我们会一百二十分地忙碌，为了它下一季的盛开。但真正美的是它未放时前前后后的忙碌，是我们翘首等待的不安与紧张，是过程中的心情而非辉煌的结果。有句老话说得很好：不问收获，只问耕耘。因为耕耘中得到的快乐，远远甚于我们为之付出的努力。我的理科竞赛又何尝不是这样呢？尽管出于最现实最残酷的原因我可能无法等待它出成果的时候了，但那些日日夜夜间如醉琼浆般的痴迷是不会被舍弃的。芍药开放的时间太短，但耕耘努力所得的幸福感却是真实而长久的。

我最终放弃了竞赛，在半个月后的期中考试中，我成为了年级第一。我选择放弃，因为我知道人生总有选择。舍得舍得，没有舍哪有得？人的智慧，往往就在一个"舍"字上。

## 冬季故事：西北有高楼

高三生活，原只应该是刻苦地学习，备战迎接高考。然而，作为外国语学校学生的我们，突然被抛在了无数条道路面前：保送还是高考？保送到什么学校什么专业？不论是学校还是专业，都必须在短短的几天尘埃落定。选择并不可怕，可怕的是选择所要背负的沉重责任。整个年级的气氛都开始躁动不安，流言揣测纷纷而来，就连一心打定主意选择北京大学的我，也不禁有些迷茫。

——我这样好的理科成绩，真的要去念连高等数学都不要学的语言专业吗？我如果念了不喜欢的语言专业怎么办呢？更何况有这么多人都在劝我不值得去做个清苦的学者。"去别的学校学金融不好么？"他们一遍又一遍地说："你这样的成绩，可惜呀！"我开始动摇，甚至在某几个小时内真的准备保送去另一所学校——以我的成绩，以我高中三年的排名，选择的余地应该相当大。但是我想要的究竟是什么呢？我喜欢语言文学，那些带着精灵气息的语句总令我手不释卷，可这也许只适合作为兴趣而非一生的职业啊。但大家都奋力竞争的金融专业就真的那么好？只有更多的钞票和更高的生活水准的人生似乎太过于苍白空洞。

午休时间，我成了办公室的常客，和班主任谈论选择，也谈论今后的道路。

"真正的自由，是去喜欢的地方做喜欢的事情。李白狂放，杜甫沉郁。不坚持做真实的自己，世上哪还有'蜀道难，难于上青天'的奇崛瑰丽，哪还有'安得广厦千万间'的旷野呼告？只有湮没在历史长河中的蹩脚诗人，才去追随所谓'潮流'，所谓'热门'。写诗如此，为人也是如此。"

班主任的一席话令我似乎有些明白：邯郸学步、东施效颦的故事千百年来又何曾消止？生硬的模仿只会使自己的境地越发窘迫，只有找到属于自己的光彩，才能做出卓越的成绩，实现自我价值。

我终究还是选择追求自己最初的梦想——我一头扎进复习资料中，强制地把懒惰和疲惫剥离出身体。有的同学仍然兵荒马乱，我却心如止水地充实自己，迎接挑战。

时间过得飞快，似乎只是弹指一挥间，我跨入了保送考试的考场。题目很多，也很难。我极力抑制住发懵的头脑，不去想场外焦急等待的妈妈，不去想留在南京的老师同学，只是书写，把握每一秒书写。此时此刻，完美地完成每一题就离梦想又近一点。

中文面试最后一场结束，我裹紧羽绒服走出外文楼。

一切都结束了，我轻轻地告诉自己。妈妈迎上来搂住我，难得地什么都没有问。

风粗粝地刮过脸颊，我拢了一袖的风，默默地走向西门。华丽的北大西门，我曾经将它的照片贴在课桌床头，放入笔袋书本，甚至在最沮丧绝望的时候念它的名字以期安慰，然而这时它却和一道普通的门没有区别了。我感觉到一种奇妙的情绪，它难以名状，不是疲倦、不是伤怀、不是空虚，它在我心中鼓动着、激荡着、奔腾着，不可抑制地席卷全身——

"下雪啦！"有人在欢呼。

漫天飘起鹅毛大雪，我心中的交响乐由低微处走向高昂，乐器齐鸣间我久久站立不能活动，这是我的乐曲，我和北大的乐曲。这多么美啊！我站在石桥上，脚下是河，背后是西门，眼前是梦牵魂萦的外文楼。它那么古朴那么端庄，其中有多少学子留下了求知报国的足迹，这是我一直追逐的地方，这是北大，这是北大的外院……

苍茫大雪中我默然而立，仿佛站在了坐标的原点，无形的坐标轴缓缓向无穷远处延伸开去。无数的人们和长长的画卷展现在我的眼前，安德烈·保尔康斯基公爵面对天空无比浪漫地自白，艾丝美拉达轻巧地踮起脚尖，阿娜尔格里静默地死去……我隔着雪、隔着历史、隔着那些精灵可爱的语言看着他们，我的心脏剧烈地跳动，高歌或者狂舞的冲动席卷了我，血液急速地流淌在身躯里。

雪下得很大，温柔地包裹住这个闻名遐迩的燕园，还有其中的人们。我喉中的哽咽几乎无法按捺，我在妈妈诧异的眼神中流下了眼泪。

此刻，考上或者考不上对我来说已经毫无意义了，即使是曾经有过这样的梦想，也就足够了。

## 夏季故事：何不秉烛游

又是一个夏季，我接到了北大的录取通知书。

想想这三年，我经历了很多。我曾在深秋凌晨的灯光下默默做题看书，也曾在暮春的教室中茫然思考舍与得，我曾在深冬的北京淌下泪水，在南京的盛夏迎来属于我的胜利。

想想这三年，有过高潮也有过低谷，有过欢笑也有过泪水，有时坚定，有时迷茫，有时奋发，有时疲惫……但始终不变的，是坚信努力必有回报的心，是长久只问耕耘不问回报的刻苦，是对梦想执著不懈的追求。我们一次次在人生的起起落落中挣扎，而正是这样的挣扎和蜕变丰盈了我们内心的力量。人生如同一曲绵绵的交响乐，高昂和低回都是最美的乐章。

谢谢敬爱的老师，他们一次又一次将我从迷茫中捞起，拨正我远航的方向；谢谢可爱的同学，他们带给我欢笑，安慰我躁动的心灵；谢谢亲爱的爸爸妈妈，我永远记得准备保送考试期间那细心用开水烫热、用棉袄裹好的八宝粥，正是因为这样体贴的你们，我所有的努力才有了最初的动力和意义。

选择北大，不仅仅是被她光辉灿烂的历史打动，也不仅仅是被其中博学的教授、聪颖的学子吸引，更是为了她"敢为天下先"的卓绝气度。北大是博学的、精致的、优雅的、风度翩翩的，但她也有血性、粗粝、坚韧的一面。正是这样的性格，使她和生活在其中的人们有了与祖国同生共死的勇气和斗志；也正是这样的性格，使她既能放眼世界，与各国英豪竞风流，也能"接地气"，为人民奔走呼号。这是令我最为感动和骄傲的。

我们这个国家有过太多的灿烂和荣耀，也有过太多的屈辱和伤痛，近代那些不忍卒读的历史和着前辈的血与泪，沉沉地压在我们的肩头。一切说不清道不明的事物拼凑成了我们身上同样的性格和情怀。而新的时代中磨炼仍在继续,地震重建旷日持久,南海归属争端不断,高铁运营事故频发,祖国尚未统一,反华势力仍然猖獗……未来的磨难难以预料,但我愿意成为一个真正的北大人,传承她血液中的激情、血性、顽强,为这片土地贡献自己的力量。

还有一个月,我即将踏入燕园,开始一段崭新的生活和学习,各种挑战和选择将接踵而至。我无法预言未来,而此时脑中浮现的,竟是高一的那个下了大雪的冬日,好友在一片洁白的雪地上写下"匈奴未灭,何以家为"的模样。他一扫平日的嬉皮笑脸,眼神严肃又意气风发。

那是我们的誓言。

## 尾　声

《四季故事》到这里就结束了——高中三年,不长不短,高潮迭起,但在真正回忆的时候却只有零星几个简单的片段最令我难以忘怀,于是我把它们写出来,成了这四个故事。我的高中生活,相比他人是一段最普通不过的故事,但我想,也是许许多多学弟学妹即将经历的故事,但愿这些片段能给后来者以启迪,给身处困扰中的同学提供一点点帮助。《四季故事》到这里就真的结束了,但我的人生,才刚刚开始。

真正的自由,是去喜欢的地方做喜欢的事情。李白狂放,杜甫沉郁。不坚持做真实的自己,世上哪还有"蜀道难,难于上青天"的奇崛瑰丽,哪还有"安得广厦千万间"的旷野呼告?只有湮没在历史长河中的蹩脚诗人,才去追随所谓"潮流",所谓"热门"。写诗如此,为人也是如此。

| | |
|---|---|
| 姓　　名： | 夏瑞 |
| 录取院系： | 生命科学学院 |
| 毕业中学： | 黑龙江省大庆铁人中学 |
| 获奖情况： | 省级三好学生 |
| | 第十八届全国数学希望杯邀请赛铜牌 |
| | 2009年全国中学生英语能力竞赛二等奖 |
| | 小提琴十级 |

# 大鸟何鸣，楚韵深矣

这是我梦寐以求的结果。

北大，生科。

曾因为各种反对的声音而试图放弃报考生科院，然而命运眷顾了我内心的执著。

是的，我知道的，那是来自灵魂的声音。

当我面对宇宙与自然的神秘感到震颤和欣喜，当我在神圣的遗传密码前心里涌起不可言说的渴望，我知道的。

我属于那里。

实名制面试时我就抽了一道关于生物的题，然后发挥得很好，不谦虚地说，那种状态让自己都意外。自由讨论时发言了六次，还主动做了总结，抢了老师N多次的话，又冲动地反驳了老师一次，还好老师不计较。然后就是意外的双95分，面试分中的全国第一。我知道这是个很"水"的全国第一，但我仍然为有人欣赏我的思想而骄傲。

像是注定。

今夕何夕，成此佳遇。

## （一）我应为你担当些什么，我的中国

高三那些风雷激荡的日子终于远去了。在夏日午后慵懒的阳光里，望着窗外的婆娑树影，我相信高三为我的灵魂注入了一种东西，一种称为"执著"的力量。

想谈一谈高三的心态。

在最灰暗最无助的那些日子里，责任是我战胜寂寞的动力。

我相信的，每一个想有所作为、一直在寻找生活意义的孩子都思考过责任。青春只有为沉甸甸的使命而拼搏过，才显得格外隽永而厚重。

曾也觉得古人那些"致君尧舜上，再使风俗淳"的理想太空洞。随着年龄的增长，我们的世界不再那么纯粹，我们知道李白晚年失去气节，杜甫曾为统治者吟诵风花雪月，为逃避麻烦而对遭受冤枉的朋友置之不理，白居易家里妻妾成群，过着"樱桃樊素口，杨柳小蛮腰"的生活……那时的我，曾一度失去信仰。

然而，就算千古离骚"哀民生之多艰"的"民生"指的是他自己的人生又怎样？就算李清照、毛泽东曾拥有过风流韵事又怎样？戏说历史人物是中学语文的浮躁，当越来越多的中学语文教师以此作为展现幽默风格的谈资时，谁来为中学生捍卫一个精神家园？

相信古典文化的意义，就是要在古人的缺点之外，看到他们得以不朽的人格力量。七分功三分过，当朔风凛冽，苍穹浩渺，无字碑头镌字满，把功过留与后人评说。我们不能要求文化偶像的完美，就像我们不可能永远生活在童话的世界，曾经做得到傲岸的，哪怕一次，他们都为人类文明留下了宝贵的财富。"天门一长啸，万里清风来。"或者说，这些缺点给了我们完善人性的空间，中华文明的气质在薪火相传中愈臻大气与完美。

相信中国文化的力量吧，它虽不完美，但足以成为我们寒窗十

载的动力。以"为往圣继绝学，为万世开太平"为己任，向着清歌竟夜的未名进发，做一只不顾风雨兼程的不系之舟。

没有真正的怀才不遇，总在发牢骚的人大多自身缺点太多。顺应时势，抑或自闭桃源，只要为人类文明之存续思考过，无论出世入世，你都会拥有心灵的坦然宁静。自信不是来自成功，而来自于付出。有所担当的人懂得负重的乐趣，如《不能承受的生命之轻》言，人在高处，就有要跌落的眩晕；而负担越重，人的生活就越真实，灵魂就越贴近大地。那是我们苦苦寻求的本质，无限宏观与无限微观的意义，至今未被破解的生命的奥秘，有关存在的哲学。而这些，都可以成为在高三生活中摆脱彷徨、披荆斩棘的动力。

人而无志，不知其可。而激励自我的志向不应像"考上理想大学、进入理想专业"这样现实，过早框死自己。它应像"度群生、哪惜心肝剖"那样宏大、无私，激励自己为伟大的志向不懈坚持，不为眼前的功利迷惑双眼，充实自己，也获得心灵的充实。

迷茫时问问自己，中国，我应为你担当些什么？

必须承认有黑暗和腐败，但要拥有一颗阳光的心。世界承认才华，但也需一些为人处世的方法，与人为善、谦和温润会让你做个"不倒翁"。

中国文化是不朽的。中国是不朽的。

屈子仰视苍穹："遂古之初，谁传道之？上下未形，何由考之？"那气势磅礴的质疑千年以降，遂融化成为一片土地的歌哭。老子在玄而又玄中领略着"不可道"的众妙之门，质疑于天地大道，把生命化为横亘于天地之间的巨大问号，使中华文明拥有了可以睥睨世界的高度。

《天问》云："大鸟何鸣。"愿探索天地的精神成为每个人求学路上的动力，愿传承传统文化的使命唤起激昂铿锵的少年意气，愿可能被曲解过的离骚在千年后仍汩汩流淌，诉说穿越远古的好奇精神，获得它应有的意义。

## （二）何以解忧，哲思酽酽

想谈一些对于生物科学这个专业的看法，以及个人对哲学的粗浅思索。

柏拉图问：为什么青蛙的叫声都是相同的？

诗与思可靠吗？

能支撑我们奋斗下去的理想是什么？所谓大事是什么？人类繁衍不息的终极意义是什么？

间接的经验导致人的过早成熟。科学家与诗人都要面对自身思想超前所带来的寂寞与折磨，这种悲剧不仅是个人的，更是属于一个时代的。为什么不可以对纯理论研究再多支持一点，为什么诗人的道路注定坎坷，最后即使不走向夕阳下的铁轨，也变得只会写"长春好，长春好，长春汽车满地跑"？他们在众人的不解中默默为一个民族写下有关生命延续的历史，用血泪滋养了民族的图腾，因此，只有他们的内心才能读懂这种悲壮，这是怎样为后人仰视的伟大！

先知总是孤独而苦痛的，这需要一个彼此相信的过程，一个需要知道我要为之奉献的社会是什么样的社会的过程。

余秋雨说：个人封闭式的道德完善导致了整体上的不道德。而我个人以为所谓聪明圆滑猛于虎也。如隐者般寂寞者的人对世界的贡献也是不可轻视的。他们在乱世中为文明之存续历尽艰辛寂寞，探寻着以心灵的力量立足世界、改造世界的新途径，水汽淋漓的大气穿过远古那秀美的黛色山川，理应得到淳朴的理解和仰望。

我依然，相信完美，真正意义上因波折而愈显丰富的完美。

社会的意义在于人与人之间的相互实现。当今时代是一个繁荣的时代，一个思想开放的时代，然而也是一个激进思想充斥的时代。书本与长者赋予的间接经验让我认清了许多人的伪面，珍惜我拥有的每一份真诚。我不要因撼动世界而扬名，只愿走上一条正确的道路，化为后代可延续、可追慕的思想和灵魂。因为真正的伟大往往不被当世认可，这需要人做好承受孤独的准备，而我偏偏，爱着这孤独的道路。

如果可以，我愿意让更多的挫折来丰腴我的灵魂。

爱并奋斗着。

所以，我不在乎别人怎么看生科。

有人说，生物只需要简单地重复试验，不需要太多的逻辑和数学，生物学工作者无异于科研领域的"低级劳动力"；有人说，在生物专业 offer 与 scholarship 繁荣的背后，海外的中国学者待遇很低，都在从事基础性工作。

而现在，我要为生科正名。当爱迪生重复千次致力发明时，有人说他是低级劳动力吗？当白发苍苍的饱读学者揽卷沉思，有人在乎他不懂数学吗？孔子不辨五谷，武穆不读兵书，流传的对生科的质疑，似乎来自为自己壮胆、寻找合理性的经济领域沙文主义，为自己的贪婪自私、不负责任强加解释。我为未名 BBS 上那个从 Harvard 退学的 PHD 痛心，要在科研领域立足，又想要安稳富足的生活，这种想法恐怕太过贪婪，经不起考验就不配得到最后的桂冠。

只有真正热爱的人才清楚他内心想要的是什么。"淡泊名利"总被我们自豪地提起，而在真正选择时抛诸脑后。衮衮诸公，在享受所谓"上流社会"的虚荣时，在被经济金融驱使着，挥霍自己原本自由的人生时，不会知道幸福是什么。

人各有志。

我不在乎道路坎坷，不在乎寂寞与清贫，因为只有到达过心中的那个远方，人才真正活过。

我一直觉得生物专业和物理专业应有适当交叉和融合，同样探索世界本质，同样在为宇宙的存在、人类的存在提供论据，同样能激起我们孩提时曾有过的好奇。我们从何而来，又将何去何从，这不仅是哲学问题，更是前仆后继的科研工作者想解开的谜底。爱因斯坦寻求的简洁迷人的统一正是这一理想的一个阶段。

并不是说学经济怎样功利。道不同，但只要我们心中都是"万家忧乐"四字，就不碍为友。

发现我已经不再是一个愤青了，有时很沧桑，又很不甘。人情练达即文章，真正的高贵，应该是平和淡定的，如庄子所云，外化而内不化。

今日思想自由的盛世，是一个饥饿的盛世。宗教与哲学多为欲望的护身符。用逻辑为自私与诳语建立心安理得的制度，类似小资，类似 DanBrown 对男权主义企图的揭露。自古如此，其实是也不只是当世的责任。然而信仰即内心的隐喻，用以支配生活秩序、调整生活状态。我若相信崇高，则崇高自与我同在。

障碍是什么？是对不同的声音太在乎。善于吸取与勇于坚守之间似很难权衡。我个人以为人的性格与理想最初的形成以外因为主，而是否坚定不移取决于此种性格的秉性。感觉很可怕，似乎所有的内在都决定于外在，我们自认为可以有选择地生活，其实是在按照宇宙的庞杂设定有条不紊地完成自己的使命。青蛙的叫声都是相同的，没有人教它们如何叫。而 A Brave New World 里的设想是人类对神奇生命的挑战，人类对宇宙之战正如细胞对人类之战一样不自量力。这是我很不成熟的想法，也许过于悲观，但生命的奥秘永远是最值得敬畏的。我不相信超自然科学的意义，当人类累于莽莽红尘而不能自拔，有谁记得幼年时那渴望认识世界本质的好奇？有谁还记得造物者赋予人类的使命？郭文斌《清明不是节日》里这样说："以祭悟道，这是中国人的智慧……一切祭的背后是暗藏的狂欢。"生命不竭，如汩汩清泉，一代代执著地铺筑通往远方的路，虽然我不知道远方是什么。

优胜劣汰是最基本的生存法则。经世济民是每一个有良知的知识分子必须坚守的底线。乱以尚武平天下，治以修文化人心。几千年来佑护中国的文化一定有其可取之处。那些在烈焰之上从容而蹈的勇者，挟干将，舞桑林，把热血浇灌出淋漓的诗行，诗意氤氲成一个民族高洁的气质，他们，必将成为民族的脊梁。

欲振铎于当世，当先磨炼自身。愿嘤鸣以求友，敢步将伯之呼，我有些思想可能过于偏激和自以为是，希望广交朋友，在思想的摩擦中完善不足，在探讨争辩中形成一套自己的哲学，相互吸取经验，在热爱的道路上走下去。

"我返自崖君去矣"，我的少年时光。接受成熟，修远以求修学储能，求日月新美，在交锋与包容中，一点点成长。"松柏气节，云水精神"，我最喜欢的一句话。在扰攘、烦躁与迷离充斥的当代，坚定的信念自有其非凡的意义。真诚的热爱、献身科研的决心会奏响真正属于这个盛世的黄钟大吕。

## （三）那些力量，让我风雨无惧

想念我曾在铁中拥有的那间小小的陪读间。

多少次，晚上五点，那里骤然响起琴声；多少次，我在被砍掉杏树的窗口俯瞰来来往往的同学们。那里是我梦的起点与忧伤时的港湾，一把陪伴了我十年的小提琴缓缓讲述着如水的华年。

当我转身离开的一瞬，高中生活就成为了永远的过去时。仆仆风尘，我是四海为家的天涯旅人，不断向着梦想跋涉，没有理由在原地流连。

2010年秋，我有幸参加了北京大学组织的夏令营活动。仲秋赴京，登百年时光之顶，窥见心灵深处梦的一隅。

"红楼飞雪，一时英杰。先哲曾书写，爱国、进步、民主、科学。忆昔长别，阳关千叠。狂歌曾竟夜，收拾山河待百年约……"

是怎样的幸运，让我与一塔湖图的潋滟光影相遇。飞檐峭拔数峰青，欸乃一声山水绿。仰望历史的斑驳印记，雄浑肃穆的碧瓦飞甍涌动了落日，磅礴了生命。梦想从此根植于斯，燕园，注定成为我生命的一部分。

北大某年的自招题"博雅塔前人博雅",我的第一反应竟是"未央宫中夜未央"。

灰暗的高三,拥有梦想的光辉,又何惧呢?不是梦想流浪,是你不够阳光,听凌晨三点半的海棠花说,夜未央呢,我从未放弃过如水月色。

北大的一个宣传片里,有一帧日出的画面。博雅塔上那一轮红日,涌动了多少潜在落魄生命中的渴望,有一种未知的庄严,从此闪耀在我生命的里里外外。

路正长,夜也正长,路途真实得只剩下生命的原色。走过路过,生命里那不灭的印记,是奋斗过的印记啊,万水千山,期待烈火后的涅槃。

是梦的力量,让我风雨无惧。走过那些执著于梦想的无悔岁月,细赏燕园湖光塔影,丹枫雨露。沧桑过后的平静,风过无痕,心如止水,只留下成长的滋味。

## (四)心之忧矣:不是结局的尾声

大鸟何鸣?为理想而啼转了千年,楚辞的意义,一部分就在于它探讨的是最原始又最难解的话题,有关生命的意义。

《诗》云:蜉蝣掘阅,麻衣如雪。心之忧矣,于我归说。

浮生苦短,青春无价。没有时间来勉强自己学不喜欢的东西,没有时间应付俗人俗事,斜觑金钱名利。我要苛刻而充满内涵地生活,把自己的理想写入北大的理想,把自己的灵魂融入北大的气韵与精神。

人不轻狂枉少年。批判是因为热爱,因为责任。存在即合理,每一个体制都有其黑暗的一面。振臂而呼少年之声,言少年之志,这些理想不再像"大济苍生"那样苍白,倘若青春如此燃烧,也就不枉煌煌《天问》千年的等待，不枉流淌在楚韵里那对一个民族怀有的深沉忧郁的振铎情结。

> 浮生苦短，青春无价。没有时间来勉强自己学不喜欢的东西，没有时间应付俗人俗事，斜觑金钱名利。我要苛刻而充满内涵地生活，把自己的理想写入北大的理想，把自己的灵魂融入北大的气韵与精神。

相约北大（4）

姓　　名：邱云祥
录取院系：元培学院
毕业中学：河南省驻马店市沁阳第一高级中学

## 通向天堂的日子

终于可以安静地坐下来，重新投入全部身心去做一件事情，这种感觉，伴随我的整个高四，多久没有过了呢？这两个月里，发生了最多最大的事，高考尘埃落定，惊喜代之以忧虑，夙愿得以实现，梦想瓜熟蒂落，连同那为这些作下铺垫的一年，我想我不能让这段记忆空白。

太久的放松可能已经让那段日子成为遥远而模糊的回忆，不是没有过这种担心，可我知道我只需要静下心去细细回想，第一次那么用心、用力地做了一件事，它就永远不会仅仅是尘封的往事，而是早已深深地铭刻在了我的生命中。

是的，"铭刻"，在我走进复读班教室的时候，就信誓旦旦地告诉自己，"要让高四在自己的身体中、心灵中、生命中留下深刻的印记，任何时候想起，都可以用'我奋战的一年'来形容它，让它在不管多远的远方，都带给自己刻骨铭心的感动。"我想我做到了。

想要最真实地展现我这一年，最完整地分享我的所有，没有比翻一些日记更合适的了。

翻开本子，直接看到了写在一张漂亮的纸上的《最初的梦想》，我夹在了高四开始的地方。这首歌词如此精准地反映我第一次高考失败以来的感受，旋律无限鼓舞的歌，曾无数次让我振奋。

2010.7.29

"我不会服输，我会审视自己的过去，但绝不会怀疑自己的能力。怎么？嫌高三不够刺激，那么，在高四畅快淋漓地拼一把吧！"

2010.9.1

"也许，你的天空布满久久不散的阴霾，背负的压力让你几乎喘不过气来；也许，别人世界里的阳光灿烂得刺得你眼睛发痛，别人满足而踌躇满志的笑脸让你忍不住心碎落泪……但不要黯然神伤，不要悲伤颓废，你需要做的，只是坚持和努力。

有一天，你的双手会强大到可以拨开满天阴云，让久违的阳光照亮每一个角落。而你，压抑已久的你，也会抛掉所有的委屈、无奈、彷徨、屈辱、苦闷……在这重得鸟语花香的国度里欢快地跳跃，自由地飞翔，重新变得光彩照人。

——这一天终会到来，只要你坚持和努力。而唯有对阳光与春天从不衰减的向往和对它们的到来毫不动摇的信心，才能给你足够的勇气和意志去面对，去忍耐这看似无边无际的令人绝望的黑暗。

不要叹息自己的成功来得那么晚，抑不要抱怨自己的道路为何比别人曲折和坎坷。磨难，从来不会白白经受。烈火中的煎熬，给了凤凰重生之时令人震撼的绝美；茧中吃力的挣扎，让蝶蛹在蜕变之时更加轻盈飘逸。对梦想的追求中有了挫折，你对这过程的体验就愈加深刻和明晰；背负得越多，卸掉压力的那一刻越令人向往；经历的痛苦越多，重见阳光时的欣喜就越强烈；受过的折磨越深，那果实因汗水与泪水的浸泡而越显珍贵。而当冬天终于过去，你会惊喜地发现，你所收获的，不仅是阳光、温暖与梦想，还有寒冷与黑暗赋予你的更加有力的双手、更加睿智的头脑，以及变得沉稳成熟的心态。好强的你，因为一帆风顺而习惯了骄傲的你，也将学会低头与隐忍。"

2010.9.3

"为什么还是不能避免低级错误呢，难道心中还存有浮躁之气？不要想太多未来，踏踏实实做好手边的每一件事。

在做任何一件事，任何一道题前，都要在心中默念一遍，要做就做到最好！"

2010.9.4

"数学周练做得不够好。不过经过长时间认真地思考攻克了两道题，虽然用的时间比较长，但经常思考的话，思维经过一段时间的训练应该可以更加灵活和开阔起来，做数学题应该会顺手些。圆锥曲线的大题还是解决不了，但多练、多思考、多总结，一定可以拿下的！

越来越觉得只要肯付出，真的没有什么做不了的事，连看上去那么复杂的令我绝望的数学题都可以攻克；连一个离开学校两年多，又只能用双脚写字的人都可以考上中山大学；连一个没有双臂的人，用脚趾都能弹奏出那么优美的乐曲。还有什么做不到的呢？只要内心足够有力、坚韧，不放弃，吃苦怕什么？有梦，什么都不怕。"

2010.9.5

"没想到这一届应届生实力这么强，危机感裹旋而来。不过内部的竞争越激烈，对应对高考反而越有利。就让对手来得更强大些吧，好让我的双手和心灵更加有力。我一定要赢，也一定会赢。"

2010.9.7

"拼尽全力吧，给明年面对高考时的自己一个问心无愧、坦然面对、不紧张的理由。"

2010.9.10

"要学会欣赏和乐纳不同人的不同个性，只要她们有一颗真诚善良的心，不管能力如何，品位怎样，都是可敬可爱的。"

2010.9.14

"距离英语145分的目标好像有些遥远，不过没关系，时间、机会还有很多，要不断补全基础知识的漏洞，并养成良好的思维习惯——灵活+细心，不断反思和总结，让自己更完美。"

2010.9.18

"不拼尽全力，就是对梦想的亵渎和不忠。

不知要做什么来源于没有计划，坚持制订计划，提高效率。

发誓用半年的时间让数学成为我的强项。"

2010.10.5

"记住，这一年不是用来盯着状元的头衔一心争取出人头地，让别人佩服和赞扬的，而是用来不断提升和充实自己的。摒弃一切虚荣，一颗沉稳质朴的心才可以接近梦想。"

2010.11.12

"明天又要开大会了，真是百感交集。想起去年开大会时和王赞、素素、李燕、谭思源她们在一起的情景。大家就这样散了，她们各自飞向东西南北，我一人留在这里重复着去年的故事，努力让自己习惯故事里没有她们，看这物是人非……

一年的光景，离开得很决绝，那些熟悉的画面都成了不敢轻易碰触的过往，被封存在记忆中，或许不知不觉就会变得模糊，待我发现，已到触目惊心……

我的伤感，或许更多是因为我的止步不前，但，是止步不前吗？自己不是已经收获并准备着收获更多吗？是离梦想更近些了吧……

对数学不要放松。在学习状态的紧张程度上对自己的要求不能放低。上课的效率要提高。

加油！做笑到最后的人！"

2011.1.2

"坚持下去！就算世界都对你冷漠，你也不能对自己的梦想冷漠。"

2011.1.4

"应该是已经足够坚强了的，对平时的成绩不要太在意，毕竟，在高考之前，你需要的不是被肯定和自我肯定，而是让缺漏暴露，完善知识，全方位提升能力。记住，现在受的一切打击都是为了最后那次出手的完美。"

2011.1.6

"我犯这样那样的错误,是因为我不够好,如果我已经足够好的话,就不用坐在这里了……"

2011.2.2(农历大年三十)

"我再也不能容忍自己这样无计划、无效率地生活了。虽然是年假,但就像历史老师说的,考前每一分钟都应该成为备战高考的有效时间。高考前的每一分钟懈怠和不能自制,都会给高考增加一分失败的风险。今晚看了春晚,没做到那个学姐(给我无限震撼与力量的《高四,不过是从头再来》)那样,但年还是要过的,不是吗?期待着实现这个梦想后放松、从容地享受正常的生活。

明天新年第一天,也给自己学习的新气象吧!"

2011.2.21

"天气在暖起来,Fighter 邱晓琳,你也该更加充满活力,更加斗志昂扬才对啊!"

2011.2.27

"你在浮躁吗?在急躁吗?在沉不住气吗?在想让这一百天轻飘飘地快些过去吗?如果是这样的话,我会很鄙视你,为你的轻浮,你的短视,你的懦弱,你的不坚定,你的对梦想和誓言的背叛,你的没有定力,你的不理性,你的不能掌控自己的内心……

这一百天要走得更加坚实,更加有力。

刚才翻到原来做的数学四十五套题,回想起那时做题的样子,突然有一阵感动,为自己曾经的单纯笃定,那时对数学的不开窍与那份坚定交织,竟有一种可爱的感觉。——要一直这样,生活在能让自己感动的状态里。"

2011.2.28

"幸福在不远处向我招手,我要咬紧牙关一路奔跑……"

2011.3.2

"我不再强烈渴望高考成功别人对自己的赞美与艳羡,也不再担心因失败而受到别人的嘲讽或同情。所有的一切，都只是为了自己的梦想，家人的欣慰。不管你考得怎样，真正亲近的人都会一样对你好，这才是最舒适安稳的感觉，其他的，都无所谓。我想，我对自己的实力有足够的信心，同时，也可以接受可能不太如人意的结果。

之前几天一直想要快些摆脱这样的日子，刚才忽然又很喜欢这样目标纯粹的生活，喜欢这样干劲满满、斗志昂扬的自己。不管怎样，所剩不多的时间还在慢慢流逝，踏实地纯净地去经历这样一个过程。"

2011.3.6

"我想我强烈渴望着查到优异成绩时兴奋的尖叫与如释重负，收到北大录取通知书时的幸福与飞扬，如赴一场美丽的约会般踏入北大校门的甜蜜、舒展和踏上一个新起点对未来的笃定……

为了这结局的完满，我愿意付出一切、放弃一切，疲累、单调、寂寞我都可以忍受。我或许会让生活看上去有些沉闷，但我不会觉得压抑，因为我的心灵正在另一个世界里经历着快乐的沉浮。"

2011.5.4

"就算不是为了大学，任何时候，止步不前都是一种堕落，一种对生命的辜负。

Fighting，努力到极致，知识与能力掌握到极致，优秀到极致！把握最后一个月，书写成一段传奇！

记住，你虽本质上是一个渴望从容感受生活的美的人，但前提是奋力攀上一个能让你自由顺畅地呼吸的高度，美丽需要物质的支撑，知识使人真正优雅，思想的高度与深度决定生活的品质。所以，至少是这一个月，你必须放弃所有的享受，达到一种忘我、非我的状态。不给命运再次向你示威的机会！不为自己埋下不得不放弃最初的梦想苟且顺从的隐患！

做一个强大的人，而且是自己本身就如此强大，而不是伪装。"

2011.5.11

"所谓一帆风顺只是表面的光鲜,只能给别人看看的荣耀。跌倒后爬起,收获力量承受真正的考验,走到真正的远方,才是我要的成长,我真正的目的。想要做神话其实是一宗虚荣,做一个脚踏实地的人,在生命的高低起伏中成长才是正确的追求。"

2011.5.18

"我想我可以坦然,虽然有时会发呆,但这恰恰是头脑需要的休息,脑力可持续利用才可以保持灵活;虽然不少看课外书,但开阔眼界、丰富思想和思维方法真的很必要;该做的题都做了,事实上数学和文综市面上的所有好题几乎做完;该思考的都深入思考了,一年中不断地收获着,积累着;该背的都背了,该整理的都整理了——总之,所有需要做的事我都做好了,没有被任何东西耽误。也有过许多疯狂的经历,体验到了奋斗的滋味。我承认,我不够苦,但疲劳的时候我真的什么都学不到,我已经最大程度地坚持了。

所以,已经问心无愧了,坦然地告诉自己:我已经尽力了;

尽吾志也而不能至者,可以无悔矣。

平静、努力一如既往,放松还早。"

2011.6.7、8(考场上写给自己的话)

"只有用心、静心、深入、细致,才做得好;只要用心、静心、深入、细致,一定做得好! You are the best! No need to worry, just show yourself!"

内容很单调,永远的自责,自我安慰,自我要求,自我鼓励,出现频率最高的词是高考和梦想。但,它们是我这一年最好的凝缩,也许,还可以折射我们每个人的高三或高四。这些纠结、辛苦、艰难、奋不顾身的全情投入,这些奋战中明白的道理,都是永远的珍宝,不该在胜利的喜悦、荣誉的光环面前黯淡,也不该被不尽如人意的结果残酷地抹杀。

"如果骄傲没被现实大海冷冷拍下,又怎会懂得多努力才走得到远方"——《最初的梦想》。我就是这样。第一次高考的失常,把我从凭借所谓的灵性与悟性潇洒从容便可创造神话的狂妄的迷梦中惊醒,从此实现了我人生的转折。现在想来,曾经的我不是不知道努力重要但自负地认为聪明可以代替努力;不是没有尝试过努力,但无知地不懂什么是真正的努力。这里的转折不只是我飞出家乡的小城来到北大,更重要的是我学会了以一种勤奋踏实坚忍的姿态去生活,一点点褪去浮躁,开始明白为梦想需要承受一些沉重,需要耐得住寂寞,需要长久坚持的意志。我想这是一种成熟,一种处于非常的境况才可以实现的迅速的成长,更是受用一生的财富,一种让我及爱我的人觉得安稳的品质。

"最初的梦想,紧握在手上,实现了真的渴望,才能算到过了天堂。"

记住,这一年不是用来盯着状元的头衔一心争取出人头地,让别人佩服和赞扬的,而是用来不断提升和充实自己的。摒弃一切虚荣,一颗沉稳质朴的心才可以接近梦想。

> 姓　　名：王婧薇
> 录取院系：外国语学院
> 毕业中学：青岛第五十八中学

# 当时只道是寻常

如今距离高考结束已经过去了两个月，人生中跌宕起伏的缩影仿佛就在这炎热的两个月之中被无限放大。两个月前，我们带着孩子试探火苗一样的心情迎接高考的洗礼，继而是紧张的等待，再后来是艰难的抉择，而到今天，当高考尘埃落定，当一段最美好的青葱岁月被我们画上圆满的句点，才终于可以静坐一隅，回想这几年忙碌却转瞬即逝的时光。

## 我有一个梦想

记得上小学、初中的时候，我们每个人的脑海中都有一个清晰单纯的梦想，它美好澄澈，有的可能如天际闪耀、永不坠灭的北极星，遥不可及，有的就像想吃一颗糖果一样实现起来轻而易举。很小的时候，老师都曾问我们以后想做什么，稚嫩的声音此起彼伏，仿佛现在还能看到我们那时清澈的眼神。我们的这个梦想长久的盘踞在童年中，陪伴我们成长。可是我们渐渐长大了，逐渐明白梦想与现实之间确实存在着一道难以逾越的鸿沟。当我们逐渐麻木于复杂的世界，马不停蹄地奔向别人所说的幸福天地，但当带着一身尘埃的人们偶尔驻足身边的景色时，会突然惊醒，儿时的梦想被藏到哪里去了呢？

记得当我的老师问到我的梦想时，小小的我大声说，我将来要当一个作家。那时很爱写一些现在看来十分幼稚的诗歌、小说，还常常在书店里拿着儿童故事一读就是一天，那是第一次知道原来还有作家这样一种工作。不知道从什么时候起，心里就打定了主意要当一个作家，不是现在那些定时交稿、按字论钱的模式，而是那种想写就写、无念即停的自在生活，可以访遍名山大川，四处游走，回来整理出一本浓缩无数见闻的行走日记；抑或埋头诗词歌赋，记下些零星的人生感悟、前车之鉴，当做未来人生财富的积累。我最爱的我的作品，是这样一篇文章，拥有这样纯真的感动，最真实的感情。

"我从诗意朦胧的江南走出，恍然十年。十年旅途，曾驻足泰山之巅感受自然壮美，曾流连泰姬陵前，感悟爱情永恒。几多记在心间的美好，却始终不及记忆里的另一种美丽——我的故乡，我的稻田。

还曾记得儿时，和最好的玩伴徜徉在稻田间嬉戏，那片摇动的稻秆，记录着我如梦的童年；还曾记得夕阳下，远处的农民拉着耕牛在那片稻田上缓缓前行，这般悠闲淡然的生活，至今仍羡慕不已。

一把稻穗手中持，轻烟漠漠雨冥冥。

最美的稻田在初秋，在下着细雨的夜晚。大片的稻子随着微风荡起如水的涟漪，微风伴着细雨滑过耳垂，扑面而来的，还有那阵沁人的稻香。闭眼细听，你能听见吗？能听见恋人田间的低语吗？能听见江南的细雨揉碎花朵吗？你能听见吗？能听见那一片片翻滚着的稻田一遍一遍，流着泪向着身在他乡的江南人呼喊着：

——回家……

——回家……

十年远走，辗转于繁华的都市，也曾在偶尔闲暇时去林间摘樱桃摘柿子，可却从未在这冬天在冰点以下的寒冷朔方，见过如故乡一般大片的稻田，那样别致的美丽，在我的心头萦绕十年，却依旧挥之不去。

江南的稻田,她宽恕风的潇洒、理解雨的飘逸,她被采摘被碾压,但她却毫无怨言地滋养着世世代代的江南人。她也养育了我。十年光阴恍若隔世,再刻骨铭心的记忆在脑海中也略显模糊,而那片养育我的稻田,她的动人,她的宽恕,她的无私,她不同于世上一切的美丽,却如一杯甘醇的红酒,愈久弥香。

如今,年轮开始刻画离乡的第十一个年头,十圈密密麻麻的生活印记,镌刻下了无数动人的美丽。可最怀念的,恐怕仍是那片平凡的稻田吧。是的,我故乡的稻田,她没有五岳雄奇的壮美,她没有故宫庄严的神圣,她甚至没有一支玫瑰艳,没有一朵桂花香。可是,我在她的怀抱里流淌过七年的光阴,四季虽轮回,但谁能阻挡韶华易逝,天真不再。可那片稻田,她那无怨无悔的七年养育,我如何说她不美丽?我又该如何报答她的恩情?

梦入江南烟水路,行尽江南,不与离人遇。

那片稻田,那是属于我的故乡的另一种美丽。"

后来慢慢长大,虽然还是很爱胡乱写些东西,但想要当作家的渴望却渐渐衰退了,不知出于怎样的原因,也许长大了,随着视野的开阔见识到的职业也越来越多。可是就在这无数的职业中,我也像大多数人那样渐渐丢弃了童年的初衷,渐渐迷失了自己,找不到该走的方向。

到了上大学选专业的时候,很多人在身边提建议,却总在告诉我,这个专业就业好,这个专业以后工作轻松。我一直在想,我曾无数次梦到的那种生活究竟怎样才能实现。后来不知道为何,突然就选择了英语系,我明明知道,选择英语是对我来说是最大的挑战,而我竟从未有过后悔。也许未来做一个老师,带领一代又一代人走进求知的殿堂;也许做一个翻译,背后有千万中国读者殷切的目光,责任重大却依旧乐在其中。这样单纯地追求学问的生活,一如当年想要当作家的梦想,一样澄澈干净。

## 战士般的浴血奋战

现在当我回想起高中三年忙碌而不知疲倦的时光时，仍然会有许多的感动，驻足心间久久不能遗忘。

还记得高中的时候英语太差，差到甚至让我曾经思索是不是真的存在这样一门客观的学问，而我对它不仅一点天分都没有，就连后天的努力都是枉费。还记得曾经郁闷的我，一个人在下着雨的跑道上奔跑，让泪水同雨水一起跌落泥泞中，不想让别人看见我失意的面容。当我看到地上的泥泞时突然想到，现在的泥泞再深，待到阳光重绽的那一天，终会恢复它的容颜，就像漫天的乌云，阴雨阵阵，也终有乌云散去、阳光暖心、彩虹绽放的一天，加倍的努力，定会换来成功的回报。

那一阵，一向坚强的我也会低头不语，会失去笑容，会偷偷落泪，但却从来不会放弃。就像挚爱的数学，再难的题目即使深夜在被窝打着手电也一定要做出来，这样不服输的我怎能轻易低头，而当我选择文科的那一刻起就明白再不能选择数学系，爱数学，是因为它是非分明，可以潜心研究。而英语也是一样，需要我沉下心来努力钻研。

记得去年的冬天，一个星期天中午，我一个人去书店买了十多本英语书，拎着重重的袋子，回学校的时候看到空旷且满是大雪的校园，突然生出一种悲壮的气氛，像一个战士一样，义无反顾，发誓要斩断眼前的荆棘，找到通往梦想的那条路。从那以后，我每天奋斗到凌晨，高考结束，收拾书架上那满满一排英语阅读书时，第一次觉得自己也有小小的了不起。后来高考的结果虽然并没有技惊四座，但也算是对那一段时间付出的等值回报。

如果要用一个词语概括几年的求学生活，那应是"悬崖勒马"，又或是"迷途知返"。记得刚刚上初中的时候，幼小的我总是觉得还应该置身于小学甚至幼儿园自由快乐的氛围里，上初中的头两年，总是这样浑浑噩噩地过，心思不知为何总游离在课本之外，直到初三，仿佛一夜长大般明白事态的严峻，就真的开始如高中一般努力。后来进入重点高中，我深知在竞争激烈得难以言语的山东，置身一所并不太著名的高中，想要实现自己的梦想有多么的不易。但我想去北京，那绝不只是一年两年的想法，是潜藏在心里很久的梦想。

我出生于安庆，那是曾国藩安庆军械所的驻地，但出生几个月我便离开家乡，随父母迁往浙江宁波，那里也是历史上开放比较早的通商口岸之一，但在我还未明白"通商口岸"是怎样的概念时，又来到了青岛。青岛是美丽的，红瓦绿树，碧海蓝天，可她是个年轻的城市，从原来那个破旧的小渔村发展到今天享誉世界的帆船之都，不过几百年的时间。而我却更爱充满历史韵味的古都，我喜欢北京，不是因为她是中国首都，不是因为她高度发达的经济，不是因为她是全国交通的枢纽。我爱的北京，是她充满京味的古街古巷，是她处处可以窥见历史踪迹的角落，是几代皇帝登临祈祷风调雨顺的天坛，是那恢弘而浩瀚的故宫。我想去北京，我想去西安，我想去南京，我想去延安，我想去扬州，我想去台北故宫，也许这一段寻求历史踪迹的旅途太过漫长，但这第一站，终于要到了。

为了这样一个简单的很多人看来也许会嗤之以鼻的梦想，我始终在尽我的最大努力，从高一到高三不断加重的负荷，可以不断消耗体力，却压不垮志气和梦想。

今天我终于明白，汗水和泪水交织的回忆，才最美丽。

## 感恩的心，感谢有你

高中奋斗的三年，爸爸和妈妈付出了太多的心血，高一高二的时候住宿，而体弱多病的我身体常常不听使唤，惹出各种麻烦。妈妈曾经告诉我，最怕上课的时间接到我的电话，生怕我又有哪不舒服，又要去医院看病。高三为了能有更多的时间学习，我们举家搬到学校附近，开始了这一年的陪读生活。我们一家都是南方人，尽管生活在北方已经多年，我们却始终保持着吃稻米的南方习惯，于是每天五点半，妈妈就起床蒸米饭，准备我的早饭和中午要带走的午饭，那样的辛苦绝对不亚于我。

　　记得高考的时候，我曾在进考场之前回头看了一眼门外的人潮，想想高考之时，虽然我们也紧张，但脑子心里都被眼前的试题填满，无暇顾及其余的事情。而门外的父母，在炽烈的骄阳下，却在担心着，孩子会不会身体不舒服，会不会太紧张了，题目会不会太难，孩子会不会不适应。高考完之后爸爸告诉我，出考场的前几个同学，所有的家长都担心地看着他们的表情，如果是笑容满面，就松了一口气，但如果是面色严肃，所有家长的心都紧紧揪起来，生怕是题目太难，孩子没有发挥好，影响到心情，影响到后面的发挥。每个孩子都是父母一生最大的投资，投资一生的感情、心血、金钱，却毫无怨言，对此，我的感恩永远铭记在心。

　　高中陪伴我们三年的老师们，记得高三最后的时候，所有的老师每天陪伴我们到晚上十点，记得政治老师的老公在国外工作，她两岁的孩子得了肺炎为了批改我们的试卷作业她流着眼泪给孩子打电话。晚上十点，看到她独自一人在校园路灯下匆忙行走的身影，一股暖流涌上心头。

　　记得有一阵心情低落，成绩没有缘由地下降，老师像说好了一样，一个接一个开导我，却并非给我学业上的指导，而是让我相信自己，不要失去信心。他们的支持和鼓励，让我在高三的道路上勇往直前。还有文理分科的时候，那时候我面对人生重要的分岔路口，却纠结应该做怎样的选择，老师用他们多少年积累的经验提出建议，让我做出这个从未让我后悔过的选择。他们像我的朋友一样，让我在学校的每一天嘴角都闪耀着阳光般的笑容。

　　还有我亲爱的朋友，他们包容我偶尔的烦躁，用真心给我最温暖的鼓励，哭泣时给我依靠的肩膀，让我相信世界上再多的苦难，只要彼此共同承担，总有过去的那一天。还有在我无助时给过我最及时的帮助，让我的这一段青春因为有他们的存在更加绚烂。我们肝胆相照的岁月，是我们永远的青春记忆。

最后还要感激我自己，从来没有勇气或闲暇对自己说些什么，甚至连日记都很少写过。但还是要感谢我是这样的勇敢，从未畏惧任何的苦难；感谢我是这样的自信，总是相信任何困难都有战胜的那一天；感谢我是这样热爱我的生活，让我身边的人能因为有我而快乐，让我知道我的价值所在。也许还有很多的缺点问题，但我始终明白，只有自己才是永远陪伴自己走下去的人，感激这一段自己陪伴自己走过的心路历程。

高中的时候总是想，这样拼命的岁月什么时候才会结束，当每天结束十多个小时的学习，熄灭整栋楼甚至整个小区的最后一盏灯，困倦的我躺在床上，庆幸魔鬼一样的一天终于结束了，随后就是昏昏而睡，等待着第二天的拂晓。后来对这样的日子也渐渐麻木，虽然努力过后一次次的收获和学习的过程都是快乐的，但疲倦的身体总也经受不住这样严厉的磨炼，于是经常感冒发烧或是胃痛，总是祷告希望这样的日子快点结束，希望高考之后那个自由的假期快点到来，得到彻底的解脱。

可是当高考结束的时候，好像原本满满的心突然被掏空，变得无所依靠一般，这才明白，高考结束当然意味着劳苦的结束，当然意味着一段新的人生的开始，却也终结了一段挥洒了无数汗水与泪水的青葱岁月。过往的青春纵有许多无知的笑话，却总是人生中最单纯难忘的岁月，像单纯的水晶，永远闪烁着最圣洁的光芒，而未来的岁月，必然有更多的精彩值得期待，可那一分年少时的懵懂，却只能在记忆里相遇，只是，当时只道是寻常。

从来没有勇气或闲暇对自己说些什么，甚至连日记都很少写过。但还是要感谢我是这样的勇敢，从未畏惧任何的苦难；感谢我是这样的自信，总是相信任何困难都有战胜的那一天；感谢我是这样热爱我的生活，让我身边的人能因为有我而快乐，让我知道我的价值所在。

| | |
|---|---|
| 姓　　名： | 王　楠 |
| 录取学院： | 信息科学技术学院 |
| 毕业中学： | 河南省郑州一中 |
| 获奖情况： | 二十七届全国中学生物理竞赛二等奖 |
| | 2010年全国高中数学联赛三等奖 |
| | 第十二届"语文报杯"全国中学生作文大赛省级三等奖 |
| | 第二届全国中学生数理化学科能力竞赛省赛区三等奖 |
| | 2010年度郑州市读书活动征文二等奖 |

# 向日葵的歌

## 绽放

在荒凉或者繁华的迹地
在喧嚣或者静寂的原野
在冰封或者燃烧的世界
永恒的光和热
是我企及或者不能企及的歌

——写给我的北大

## 成为一朵向日葵

当你爱上一片土地，你说不清楚她究竟什么在吸引你，是塔影湖光，是书声琅琅，是百年风云，是世事沧桑，抑或只是一种无可名状的感觉，让你迷恋与神往。

而我就是这么爱着北大的，不知道从哪一天起，也不知道要到哪一天止。

后来，尤其是高三的时候，父母老师，还有同学朋友，都问过我，如果去不了北大，你会选择哪里呢？

我踌躇了。潜意识里，我回避了这个问题。我觉得我要上北大，这是一种奇怪的笃定。

就像你问向日葵，如果没有太阳，你们转向哪里？它们会告诉你，等待下一个日出。

有人说，如果你百分之一万地相信一件事，那么它一定会成真。

这个世界上，永远不需要质疑的是梦想。只要有了梦想，你的一切行动，潜移默化地都会围绕梦的目标。

如果想要企及什么，就把它深深植根于心底，一丝一毫不得动摇。

如今，人们更多地强调梦想要与现实匹配，要随着现实调整。可是，必须有一个确定的梦想，一个矢志不移的、永远屹立的梦想，不被现实磨损，不向困难屈服。大学是这样，未来更是这样。或许背负梦想的一路，我们走得会更加辛苦，会遇到更多的挫折，会经历更多的失败，会有更多的眼泪，甚至汗与血，可是心中有梦，伤与痛都会荡气回肠。

有时觉得，一些观点太过功利化了。社会更多地强调成功，梦想却被淡化。也许不得不承认，对于我们的文明体系，成功才可以衡量梦想的价值，物质才可以定义精神的繁芜。可是成功和物质一旦被狭义化，生命的境界便会流于平庸。纵使获得财富，获得地位，依旧缺乏一种豪迈的激情，一种只有梦想才能赐予生命的血性。

成为一朵向日葵，是寻找阳光的根本。

## 痛并快乐地旋转

每一次跟着太阳的步伐，向日葵的身体一定都是痛的，扭曲与撕扯，却义无反顾。

小学初中是课业压力相对较轻的时候，至少对我来说。进入高中，功课突然繁重，再加上我读的是竞赛班，自习课和周末几乎全用来补竞赛课，作业已经被压缩到利用微薄的课余时间来写，遑论兴趣与自由。有一两个月的时间，我时常会诅咒抱怨，作业多，时间紧，安排不近人情。当我发现这些都无济于事，只能学会适应与调整。抽出时间提前预习功课，预习后提前完成可以完成的作业（前提是这些作业在能力范围内，如果贪多，反而会事倍功半），这样，可以知道自己学习的难点在什么地方，课堂听讲时会更有针对性与目的性，效率也会更高。白天学习结束后，把书和笔记大致浏览一遍，心中对知识体系有个全面的概念，抓紧时间巩固练习。完成当天的学习任务后，再预习之后的功课。这样一来，总能赶在时间前面，学习的主动权就在你手中，学起来也会更加轻松愉快，游刃有余。对于自己掌握不牢的地方，可以及时与老师沟通，把基本概念搞清楚，自主找一些习题练练手，而不要等待老师的督促。想想自己抱怨学习累的时候，多半不是身体承受不了，而是一直追赶老师的进度，心理上疲惫不堪。所以，掌握了主动权，学习就成为一种探索，而不是奴役，心中会充满激情与自豪，而不是不满与抱怨。我就是这样，慢慢融入高中紧张却极有节奏感的学习生活，寻找力量，寻找快乐。当学习是发自内心，是坚定不移地为理想奋斗的时候，这种忙碌与充实，不是亲身经历，不能真正明白。

在外地读高中，所以，适应学习生活只是一个方面，还要适应远离家乡之初不可避免的孤独感，适应集体生活。一个寝室，每个人的生活习惯各不相同，有的人偏爱熬夜，而有的人喜欢早起。想把大家的起居时间调节得完全一致，不可能也不公平。这个时候，更多的要从自身改变。如果他人都在休息，就要放轻声音，在不打扰室友的情况下做自己的事情。如果你想休息，而还有人在学习，就要锻炼自己的抗干扰能力，让自己在有声响有光亮的环境中依然能安然入睡。要从内心接受这种差异，宽容地对待自己和室友。善待自己，也要理解他人。和谐愉快的寝室关系也很关键。这就像一个温馨的小家庭，我们耕耘着关心与包容，收获着友谊、温暖、鼓励与支持。回想这住校的三年，每天早上六点爬起来，洗漱后奔向食堂，排长长的队，狼吞虎咽地吃掉几乎三年没变过的早餐，有时候帮朋友带饭。中午常常三五成群，吃点小炒调剂生活。下晚自习后到操场，一边跑步一边看星星，让活力四射的运动宣泄一下心中的郁结，斗志昂扬地回寝室挑灯夜战。一个冬天的清晨，通往食堂的路上，看到东方渐渐光明，紫色的流云划过欲生的朝阳，忽然特别感动。就这样的奔波，不管单调也好，辛苦也罢，其实那么快乐，因为有梦想，还有朋友，不曾踌躇、不曾寂寞。

高一，相对轻松的一年，好多记忆如此甘甜。植树节，全班在"老班"的带领下种下一棵银杏树，每人一把土，疯狂了一中午，相机和记忆把青春的欢笑与汗水定格；为了设计球赛的队徽，省略了中午饭，在教室里热烈地讨论描绘；参加"希望杯"，比赛结束后，一群人徒步数里，参观了 X 大，那是对大学生活最直观的触摸；被迫训练排球，在清晨和黄昏，逆着日光把排球高高抛起；校庆时勇当志愿者，见证六十年风云沧桑；周六下午竞赛课结束，到对面餐馆猛吃一顿，顺便带些甜蜜的零食。高二，竞赛沉沉地压了下来。因为到外校做实验而激动一整天，因为停课（有四个月专攻竞赛）能提前到食堂抢饭而沾沾自喜，因为讨论出一个难倒众生的结果而暗自骄傲，因为周末的晚上在教室放一场电影而激动欣喜，因为在寝室阳台上用小提琴演奏夜曲而落寞惆怅，因为假期教学楼那几盏孤灯而感动欢乐……在此期间，我学会了处理学习与班级工作的关系，学会了辛苦之余小小地犒劳放松自己，学会了再苦再累也欢乐愉快，学会了和同学朋友永远开怀地在一起……

有些时候会想，高中"苦短"，学了多少知识，倒是次要的。最重要的，是有了这么多朋友，经历了这么美好的时光，获得了这么开朗乐观的人格，坚定了始终如一的梦想……像一片向日葵的原野，冲破万难地成长着，在阳光的照耀下郁郁葱葱。

永远向着太阳的方向旋转，是向日葵的信仰，痛并快乐着，义无反顾。

## 在暴风雨中坚强

高三，为梦想冲刺的一年。

竞赛失利，很长一段时间我的心情都在谷底徘徊。曾经也梦想着"衣锦还乡"，早早保送到梦想的学府。梦盈到梦碎，只有短短的三个小时。

那段时间，总是会问自己，是我不够勤奋，还是不够聪明，为什么我鼓足力量奔跑，却离梦想越来越远？会在手中的笔停下时突然陷入寂寞的沉思，会在半夜突然醒来时静静流泪。

也是，当时现实很严酷。离高考只有九个月时间，而我们刚刚停了四个月的课，复习进度落下的何止一截？面对失败已经很痛苦，还要面对迫在眉睫的追梦挑战。那些日子，常常觉得梦想离我如此遥远，遥远到我无法企及。我开始不停地思考，如果，如果真的不能进入北大，如果真的无法实现梦想，这条路，我又该向哪里走下去。

大约两三个月的时间，我就是这样脆弱而敏感地黯然神伤。我可以微笑地面对他人的安慰与鼓励，却不能坦然地看清自己的恐惧与怀疑。害怕所有的付出却不能化为通往彼岸的航船，害怕再次淹没于远望梦想的深海，更害怕看到自己面对失败的渺小与懦弱，害怕看到自己伪装的坚强下的真实面孔。

迷茫也好，失意也罢，大势之下路还是得走。补回这四个月献给竞赛的时间，只能疯狂地复习、练习、看书、思考、做题……沉浸在学海中时，失败的痛苦无法侵扰宁静的心灵，求知的欢悦会渐渐充盈整个身体。开始以为这是逃避，后来发现原来是释然了。上天的确剥夺了我一次靠近梦想的机会，却没有剥夺我追求梦想的权利。梦想也许很远，却依然清澈明晰，璀璨夺目。竞赛失败了，还有高考，路途可以改变，梦想永在前方。

其实现在想来，当时让我痛彻心扉的所谓失败，只是一个小得不能再小的挫折而已。身在局中时，我们会不由自主地把痛苦放大。过后才明白，其实没有那么严重，其实可以释怀，可以涅槃。这次失败，我想了很多。有关于失败原因的分析：基础概念掌握不牢，练习量不足，运用知识的能力有待提高，临场心态不够好，做题顺序安排不合理；有关于自我的反思：对梦想过于自信，以至于无法面对坎坷，对最后结果的渴望过于强烈，以至于有了太大的压力；最重要的，是在这个过程中，我对梦想有了重新的审视与认识，犹豫过怀疑过，所幸最终不曾动摇。追梦之旅中，我们无法避免地要走弯路摔跟头，甚至会发现偏离了自己本初的航向，迷失于苍茫。但只要梦想依旧闪亮，只要勇气与信念屹立不倒，无论绕得多远，最终都会到达心中的圣地。

高三，经历了这蜕变般的撕裂与成长，梦想更加坚定，心态更加阳光。不同的道路会有不同的风景，企慕别路的美好，往往会错过自己的秋月春风。所以，要开心而勇敢地穿越属于自己的平凡与不平凡，且行且歌。一切愤懑终将得到谅解，一切苦痛终将皈依遗忘，单纯的心曲可以洗涤过往，诚挚的梦想可以感动上苍。

之后的路途，也并非一帆风顺，成绩起起落落最是正常不过。会有一段时间各种状态处于巅峰时期，也会有一段时间身心都很疲惫，分数在低谷徘徘徊徊不见向前。不管如何，我都会尽量保持着昂扬的斗志与乐观的心情，会在晨光熹微中苦读英语（英语一直是我的弱项），会在每周休息时，在教室从早学到晚，也会在晚饭后绕着校园里的人工湿地略略漫步，看鸢尾在风中摇曳，看同学们阳光般的笑颜，也会和朋友一起，给当年种下的银杏浇浇水，兴致勃勃地诉说梦想与未来……我想，无论如何，这段路途我都不曾后悔，因为我深深地爱着这为梦想奋斗的时光，艰苦，辛酸，却又分外芬芳，香醇。我很快乐，发自内心的，甚至是与结果无关的。

每个人都希望自己是最幸运的人，可以一马平川锐意飞扬地到达目的地，只是天时地利人和不会每个时间都出现。所以，做好失败的心理准备，更要做好失败后重新扬鞭跃马的心理准备。让失败成为追梦道路上的垫脚石，是一次伤痛，更是一次成长。

因为梦想而经历失败，是好汉，失败后依然坚持梦想，是英雄。

向日葵在暴风雨中折断，也要向着太阳的方向倒下，那里有温暖的阳光，有新生的无穷力量。

你会问，暴风雨中，如何寻找太阳。

它们告诉你，只要心中，始终有阳光。

原野上的向日葵，经历了暴风雨才能坚强。

## 阳光下的歌唱

高考成绩出来后，第一次整整一个晚上没有睡着。

未名湖的塔影，第一次如此清晰如此亲切地，在眼前荡漾，让人心驰神往。

北大，是我美好的梦想中美好而重要的一部分，希望这是一个平台，让我在更高的高处，向天空张开翅膀。

让我体验一种，载着梦想的飞翔。

仔细想来，我真的是个幸运的孩子。从小到大这一路，每一处风景都是我真心热爱的，所以乐在其中，义无反顾。

也总有人问，你真的热爱学习么，是怎么做到的。这时，我只能感叹自己的幸运。其实，学习本应该算作兴趣的一种，只是在如今的教育体制下，被格式化了，功利化了，家长总是用学习的辛苦、考学之路的不易、出人头地的艰辛来教育孩子。小小年纪，他们背负的只是压力，不是梦想。人生路线趋同化、评价体制单一化，这是我们不得不承认也不得不面临的一个现状。或许，文明的发展水平，决定了这一现状还要维持很长一段时间，至少目前为止，高考还是最公平最完美的选拔人才的方式。这是必须经历的一个发展历程，是一个时代痛并快乐的战歌。或许，只有在这样的调整与发展中，社会才能进步，物质才能繁荣，评价体系才能多元化发展，才能"各取所需，各尽其能"，每一种梦想都得到尊重，每一份热爱都得到发展，每一个生命都寻到属于自己的精彩天地。

把梦想说得崇高一点，就是为这一天的到来，贡献一份自己的力量。

其实，每个人都是向日葵，都渴望寻找属于自己的阳光，都渴望用毕生的光与热，演奏自己的华章。

有了梦想与热爱，这一路栉风沐雨也会异彩纷呈，因为这是我的选择，所以不曾后悔，不曾迟疑。在遍布荆棘与岩石的山路，勇往，奋进；在充满未知与挑战的世界，开拓，飞翔。

在阳光下歌唱，多么美好，多么幸运，多么淋漓尽致。

就这样，永远化作向日葵，面向自己的太阳，我很快乐。

希望每一朵向日葵，都找到自己的阳光；希望每一寸阳光里，都回荡着梦想的歌唱。

有时觉得，一些观点太过功利化了。社会更多地强调成功，梦想却被淡化。也许不得不承认，对于我们的文明体系，成功才可以衡量梦想的价值，物质才可以定义精神的繁芜。可是成功和物质一旦被狭义化，生命的境界便会流于平庸。

> 姓　　名：吴甄琦
> 录取院系：光华管理学院
> 毕业中学：上海外国语大学附属宏达高级中学
> 获奖情况：全国高中生英语能力竞赛一等奖
> 　　　　　全国语文报杯征文比赛省级特等奖
> 　　　　　全国希望杯数学邀请赛三等奖

# 花开不败

高考结束后，当我站在一群刚刚进入高中的孩子面前，聆听他们迷茫而又焦虑的内心时，生命的两个不同的时空轨迹仿佛在此时彼此冲撞。三年前的我，亦是迷茫，亦是焦虑，不知道三年的高中，会在我的生命中留下怎样的痕迹；不知道三年后的高考，会将我的人生推向何方。可是，不管我有没有准备好，高中生活就此迅疾地开始了。

## 折　翼

顶着"中考状元"的光环进入了即将陪伴我走过三年的班级，我深知老师、同学对我自有不同的眼光，也深知这三年自己必须付出更大的努力。开始的日子，走得不急不缓，我跟其他人无异，虽说对高中有着各种不适应，但在这不一样的教学楼也勉强能顺畅地呼吸。教室在一楼，侧目便可越过窗户，看到不远处的小路两旁密集的香樟，那样令人窒息的绿，仿佛把你的眼睛完全擒住，让你忘却酷暑，忘却那些来得过早的压力。我总是在上课时不自觉地向窗外望，那种绿，大片大片，像青春般无懈可击。

第一次月考，如白开水缓缓流过舌尖，没有太多的感受。可是，当成绩一门门地揭晓，那些刺眼的分数变成了一把把刀，生生地划过我敏感的内心。当我的名次不再像初中时那样高高在上，当别人惊叹艳羡的目光不再向我投来，当我变成一个"平庸的优等生"淹没在小小的人潮中，我受挫了。不过不是第一罢了，并不是自己不好，而是别人太强大，我只有这样告诉自己。可是，还是一遍一遍地，在日记上写下那些苦闷、那些失落。从云端跌落的感觉，那样清晰分明地刻在纸上。我是那样幼稚地、认真地，写下对自己的不满、苛责、反省，以致现在回首，都觉得那样可笑。

可是，我不再是第一了，我必须接受这样的事实。当飞翔的翅膀受了伤，是否还有继续飞翔的理由？

## 踟蹰

我并不是一个太努力的人，相比身边一些每天睡眠不足靠延长绝对学习时间换得分数的同学。即使一次次地考试都在无声地宣告"我的时代"一去不复返，我还是不想一开始就拉足马力，仿佛那样才算对得起自己。于是，我继续当着乖孩子，努力热爱着生活，对每个人微笑，认真地给朋友们写着纸质的信，在合适的时间做着正确的事，日子无声无息地走过。夏日悄悄地离去，冬天便急不可耐地来了，萧瑟的风呼呼地刮，凌乱了我的思绪。

那段时间，疯狂地看着余华的书，我深爱着他书中那朴实的岁月，明知不可得，又执著地迷恋。一遍一遍地看，不去管里面有多少思想自己无法体会，只是迷恋从前一穷二白的生活中人们朴素的生活、朴素的爱。人对于自己所不能得到的东西，总有恋物癖般的执著，即使那并不适合自己。

十七岁的我，徘徊在人生的十字路口前，不知道下一条路向我驶来的是奥迪还是奥拓，不知道这样子的前行，是不是正确。高考在前方，遥远而模糊。

## 豁 然

骑着单车，飞驰在上学的路上，寒风凛冽，清晨的街道上没有一丝生气。刚刚从温暖的被窝中走出来，惺忪的睡眼似乎都没有睁开。突然，从东南方的两栋高楼中间射来一道霞光，顺着光望去，我的眼睛缓缓地睁开，嘴角微微上翘，心仿佛接受了一次最神圣的洗礼。是的，那是怎样的红，红得令你的心都不禁为之颤动。那冬日的暖阳，温柔而谦卑地悬挂在冬日的天空，那是生命的燃烧，是力量的迸发，仿佛全宇宙都被它深深地吸引。那一刻，我突然觉得，我们的世界，有千万个理由让你愤怒，让你伤心，让你失望，但总有一个温暖的存在，是你活下去并且好好活着的理由。那一刻，我第一次为生命太短暂而恼怒，几十年，太短了，还不足以让我铭记这全部的美好。

来到教室，掸走了一路的风尘，我的内心异常的平和与宁静，闻着教室里略显紧张的学习气息，我又不禁笑了，世界真的太美好了，一切都太美好了，因为我活着，那样真切地活着。我有什么理由抱怨，有什么理由不珍惜，有什么理由踌躇迷茫？

非淡泊无以明智，非宁静无以致远。任天上云卷云舒，自有一片天空属于自己。

## 起 航

高一高二终于平静地过去，我终于迎来了那个传说中的高三。我仍然不是第一，可是我已经是自己的第一。我有理由告诉自己，我为自己而骄傲，我是一个成功的第二名。因为我不再迷茫，我有了支撑自己走下去的强大理由，有了生命的支点。

高三暑假的第一节补习课，语文老师给我们读了一篇文章。她说，这篇文章，她会在她所带的每一届高三的第一节语文课上读。文章的名字叫《花开不败》，是一个学生通过自己的努力考上复旦的全纪录。随着文章，高三的一条条脉络在我们面前渐渐铺展开来。作者是一个并不出众的女孩，徘徊在年级二百名，可她有着不一般的梦想——进复旦。这个在别人眼中看似可笑的梦是她十二年来最执著的追寻。终于，她考进了复旦，那个承载了那么多东西的地方。很多人听着作者的奋斗史，都默默地啜泣起来。是啊，人生，不就是要有这么一段激情澎湃又荡气回肠的经历嘛！

回到家，我学着作者，郑重其事地在一张白纸上写下了四个字：杀进北大。不得不承认，当时的我对北大的所有概念就是"最高学府"四个字，别的东西少而又少。可当我写下这四个字的时候，我感觉，我认定它了。妈妈走进我的房间，说了声：我看你进复旦也不错，压力别这么大。真的很感谢父母，在别人否定我的时候，给我鼓励；在别人赞美我的时候，又安抚我的压力。对于他们的女儿，他们从来不苛求太多。也正因为这样，我才有了更好的心态应对我的高三和高考，才能在兵荒马乱的高三中不至于迷失。

"杀进北大"四个字静静地悬在了我的床尾，我每天一睁眼就能看到的地方。就这样，我的高三正式起航了。

## 破　浪

接下来的日子出奇地平淡，每天千篇一律的课程表加考试，从期待到紧张到煎熬到渐渐麻木，最后每个人都形成了一套对考试的免疫系统。发了试卷就写，交卷，发卷，比对成绩。当自己的努力化为具象的分数，几多喜悦，几多辛酸，也只有冷暖自知。

为了应对高考，我毅然断掉了家里的网络，就怕自制力不够强的自己再去碰电脑。特别奇怪的是，家里的那台台式电脑居然也就在那几天罢工歇业了，也许它也想配合我的高三拉锯战吧。

"玩的时候就拼命地玩，学习的时候就拼命地学习。"这是我们高三学生信奉的一条颠扑不破的真理。作为通校生的我，每天骑车到学校后，便是接连十几小时的奋斗，除了必要的休息放松，在校几乎所有的时间都用来了做题背书。直到第三节晚自修下课，已经是晚上九点多，我才拖着疲惫的身子骑回家。那时候，夜色已经很浓了，路灯在黑夜中闪着好看的光，远处东山上的致标塔有着一种无法言说的美。我沐浴着美好的夜色，蹬着陪伴我三年的自行车，一边哼着小曲，一边望着来来往往的汽车，心里是满满的快乐。我总得想用一些事来证明自己是真正的活着，有意义地活着，这样才能全身心地爱这个世界。而那时候的我，的确是在那样做着。

回到家，和父母讲述学校的人和事是我最大的娱乐，然后便是洗澡，睡觉。我并没有熬夜的习惯，只是喜欢关了灯在脑子里将所有的历史时间一遍遍地复习。并不是想利用时间，只不过，这真的是很好的催眠手段。

就这样，我们走过了基础测试，走过了一模、二模、三模，走过了五校联考、九校联考、N校联考，我快乐地当着我的第二名，会因为不小心掉到第三而有小小的失落，也会因为不小心拿了第一而受宠若惊。我们班的第一名是一个实力特强的牛人，全校的目光都聚焦在他一人身上，望他一举拿下省第一、重振学校雄风。我真庆幸有这样的竞争对手，他像一个马拉松的领跑者，牵引着我们后边的人不断地向前。尽管那时，我根本无法定位我自己的实力，尤其是当我看到北大在浙江省的招生人数只有二十二人时，更是几乎要放弃那个遥不可及的梦了。可是，谁知道呢？我还是那么的快乐，可能也正是因为我那无知无畏的乐观精神，毫无压力的家庭环境，我才杀出了重围吧。

边享受，边奋斗，我驾驶着我简陋的小帆船，在高三的大洋中越驶越远。

## 浴 火

教室前方的倒计时数字越来越小，高考，近了，又近了。

当老师开始给我们讲解各种应试技巧和考试须知时，我们才发现，高考，真的来了。

考试的前一天，我一个人默默地准备着各种考试用品，很奇怪，感觉，就像是坐过山车时，俯冲前停滞的那一秒。以前，把考试所有的结果都想了一遍：考得很好去了名牌大学，考得不怎么样勉强上了一本，发挥失常连一本也没上，复读……告诉自己所有情况的后果，其实，真的没什么可怕的。尤其是当我看到一位学长，当年考取了三本的某个学校，通过自己的努力，考上了北大的研究生。多么振奋人心的事实，人生，不应该停滞在高考，还有无限的可能，不是么？

终于进考场了，进去，出来，平常地不能再平常的动作。一切考试都是纸老虎！我告诉自己。从考场上出来，老师们依然在休息室等着我们，老远就给我们一个大大的微笑，我也回了一个大大的微笑，感觉真好。

直至下午——考完数学之后，以为自己选择题顺序图错，40分打水漂。我在校门口绝望地喊着我要复读，不顾其他人异样的目光，腿一软，任何念头都没有了，难道，真的是自己设想的第四个事实？虽然这个疯狂的事实在几分钟后被否定，但我当晚的晚饭还是没有吃下去，思路也全部乱了套。当别人告诉我：不，你没有错，40分还在，我的感觉真的无法用语言形容。那之后，我真的什么都不怕了，是的，只要顺顺利利考完，我真的很满足了。我突然觉得，任何设想都是没有意义的，生活不会按常理出牌，我们要做的是面对事实，勇敢地，坚定地，走下去。

接下去的考试又回归平淡，虽然状态不可避免地被涂卡事件所影响，但总体还算顺利。考完最后一门，从考场出来，那感觉，太爽了。要是有机会，真想多考几次！

## 涅 槃

接着，我还是忍不住估了分。并不是很满意，文综砸了，几乎是高三以来最砸的一次，可我知足了。我并不是宿命论者，但这一次，我相信命运有它自己的安排。谋事在人，成事在天。高三这一年，至少我已做好我该做的。

谁料，分数揭晓的那天晚上，我居然被幸运女神给深情地吻了一下。接着，便是铺天盖地的喜讯与祝福，让我应接不暇。这，像不像中了彩票，不能说全是高兴的心情，还有一些复杂的情绪夹杂在其中，但那一晚，终于让我彻彻底底地重温了三年前中考第一时的酣畅淋漓。以后的事暂且不管，但那一刻，我是真的很快乐。多少寒冷的清晨，硬生生把自己从被窝拖出来；多少漆黑的夜晚，顶着狂风暴雨或是呼啸的北风赶回家；多少次，接受残酷的分数和残酷的批评；多少次，因为自己被拿去和别人比较而黯然；多少次，快要放弃了，想说随便考考一本总还是有的；多少次，开始怀疑自己这样做到底是否真的有意义。现在，一切都过去了，我是多么幸运，因为至少那些，都变得如此值得。

然后，我被北大录取了，我进了那个状元扎堆的地方，我即将开始又一个全新的人生阶段。

我又一次走进了那个熟悉的教室，面对着即将开始高中生涯的新生。高三，365个日子，我和我的伙伴们，在这里起航，在这里乘风破浪。曾经看到一个同学的桌子上贴着：我们来自五湖四海，为了同一个目标而奋斗。现在，人换了，可他们的目标还是同一个。

　　还记得吗,那些拿着政治书恨不得像孙悟空一样把它吃了就可以记住的日子?还记得吗,那些为了一道数学题就花了几张草稿纸并且誓不罢休的日子?还记得吗,那些趴在桌子上偷偷睡觉以换取精力的日子?我永远不会忘记。

　　花开不败,有梦想的人生永远不会凋零。

---

　　那冬日的暖阳,温柔而谦卑地悬挂在冬日的天空,那是生命的燃烧,是力量的迸发,仿佛全宇宙都被它深深地吸引。那一刻,我突然觉得,总有一个温暖的存在,是你活下去并且好好活着的理由。

姓　　名：萧柳丹
录取院系：信息科学技术学院
毕业中学：北京八中
获奖情况：World Creativity Festival Silver Prize

# 我的乐章，刚刚开始

### 前奏：小学——无法忘怀的美好时光

从小学到中学，我一共只用了九年，而其中小学的时光占了五年的时间，所以与大多高中生相比，小学时光对我的意义格外重要。我的小学和中学完全是两个相反的环境，小学的时光安静而缓慢，带着一点悠闲，位于空指大院中的中关村一小寄宿部像一个处在乱世中的世外桃源，在这里我的童年很安静、很简单、很快乐，如果说中学的同学感情是一种英雄相惜之情，那么小学的同学感情就是近乎一种手足之情。

记得教室中传出的朗朗书声，记得琴房中飘出的悦耳琴音，记得满怀期待地领取老师发的奖品，记得略带紧张地参加各种活动，记得宿舍里的追跑打闹，记得在校园里纵情游戏。现在回想，那段时光，竟如此干净与纯粹，有着如此简单的快乐、简单的生活。

对于小学，我总是怀着很深的感激之情。感谢我所有的老师，因为他们的教育方式，我得以发展自己的兴趣，愉快地学习，得以因为爱学习而学习，这种对知识的热爱一直促进着我的进步。感谢我所有的同学，感谢他们陪我走过的时光，那段单纯的日子，那份单纯的友谊，像一颗颗干净的珍珠值得我永远珍藏。感谢那里的一草一木，因为在那里曾经的我，那么单纯，那么快乐。

一个人的人生很长一段时间都在忙碌地生活、工作，想必我的未来也很少会有时间真正去享受一段悠然的生活，过上安静的慢节奏生活，所以，格外珍惜小学这段难得的日子。

## 第一章：少儿班——梦开始的地方

*选择了少儿班，就是选择了一种生活方式，在这里，高效的学习方式、激烈的竞争氛围、磨炼意志的自然体育等，成为了我成长的依托，也造就了现在的我。*

——题记

### 高效——学习生活的主旋律

少儿班生活的最大特点，就是高效。效率保证了我们用4年学完8年的知识，而这样一种经历也带给我们一种高效率的生活方式。所谓高效，不是指速度快，而是在保证高质量的前提下使用尽量少的时间。

在学习中，上课时在课堂掌握更多所学所讲的知识，这样课下便不必为知识的掌握花大量时间，将课下的时间用于对知识的熟练运用，课下在复习中可以更多次的对知识的运用熟练度进行提高，这，便是效率的体现。在考试中，同样需要效率，因为考试要求我们在规定时间内将题目做对做好，无论是只图快却保证不了正确率，还是只有正确率却没有一定速度的保证，都不是考试要选拔出来的，考试要选拔出来的是有效率的人。

同样，不光在学业上，在生活中，高效也不可或缺。无论是承担班级各种工作，还是进行各种课外活动，我都一直秉持高效的习惯。

而这样的习惯,也为我赢得了更多时间专注于学业效率,让我在繁重的学业生活中,依然可以保证每天八小时的睡眠。效率,让我在忙碌的高考前夕,依然可以维持一种健康的生活方式;效率,让我在高中时代,可以全面发展。高效地学习,高效地生活,是我圆梦北大的基础。

## 竞争——助推成长,相伴友谊

不得不承认,良性的竞争是成长的助推器,在少儿班这四年,我充分体会到良性竞争对我的促进和推动。

少儿班的每个同学都是十分优秀的,所以在学习上同学们相互之间竞争、较劲,你追我赶、互不相让。这些成为了我们不断攀登知识高峰的动力,也让我们拥有了良好的竞争意识,为我们未来走向社会打下了坚实基础。

少儿班的同学取得今天的成绩,与平时相互之间的竞争密不可分。

在这四年中,竞争是推动我们前行的一大法宝,也是督促我们好好学习不松懈的秘诀。每个同学心里都较着劲,希望可以超越前面的同学,同时想着不要被后面的同学超过。而在这样一个高手如云的集体中,又没有人可以保证自己总是处在第一名或者前五名、前十名的位置,所以每个人心中都有着竞争意识和危机意识。而就是在这样的竞争中,我们的成绩水涨船高,最终在经历了高考之后,大家都基本上获得了理想的成绩。

同样,因为良性的竞争,我们同学之间的感情愈发深厚。

作为少儿班的同学,我们是对手,也是挚友。在这四年中,我们一起拼搏、一起奋斗、一起哭、一起笑,就这样一起走进了高考考场,走进了大学。在学习上我们互相之间暗暗较劲,在运动场上我们互相比拼，良性的竞争只会让我们的感情愈发深厚。我们会因为一两分之差而暗自懊恼，却同样会为对方加油鼓劲。我们之间的感情不仅仅是同学之间的友谊，更有一种英雄惺惺相惜的感情。

我们更懂得彼此的不易，我们更理解这过程中经历的磨炼，因为我们在一起走过同样的路。

## 自然体育——宝剑锋从这里出

提到少儿班，自然体育课是个绕不开的话题它是少儿班的一大特色。自然体育课是每周三或每周五下午，历时三到五小时的高强度、高耐力的体育锻炼，而在锻炼过程中，我们没有任何能量补充来源，水和食物都是被禁止的。通过自然体育课，我们强健了体魄，在繁忙而疲惫的高三冲刺阶段，我们依然可以保持良好的健康状态；通过自然体育课，我们磨炼了意志，学会了坚持，每每遇到挫折，我们总是坚强地再次站起；通过自然体育课，我们在学习生活中，得到了一种健康的调剂与放松，也收获了一份美好的回忆。

还记得在香山的土路上，我们的脚印落在了那"本来不是路，人走多了就成了路"的土地上；还记得在长安街的大道上，一排火红的身影，飞驰了小半个北京城，我们的车影倒映在那炽热的柏油路上；还记得一次次从独轮车上跌下，一次次在冰场中爬起；记得空竹从我们手上飞上天，小船被我们摇到湖中央；记得游泳池里我们的身影，橄榄球比赛中我们的笑靥。在这里，我们流过汗，亦流过血；在烈日炎炎下，在皑皑白雪中，都有我们不变的身影。

自然体育，教给了我们许多技能，更带给我们一种不抛弃不放弃的精神。

所以，在环湖跑运动会中，我们用毅力和坚持拿到了团体总分第一。我们没有"体特班"的体质，但我们有精神，我们每一个人都会在赛场上拼尽全力。所以，我们从泰山脚下爬到泰山之巅，

1500米的海拔,我们做到了,我们得以在泰山顶上感受"一览众山小"的幸福。所以,在成长的道路上,在知识的道路上,我们永不言弃:跌倒了,不过是再爬起来;迷茫了,相信自己能再找到方向;受伤了,擦干眼泪继续闯。正是自然体育所带给我们的精神,得以让我们走到现在的地方,得以圆梦。

## 能力——锻炼才会有

在少儿班的这四年,我的各方面能力有了很大的提高,这其中既得益于自己敢于尝试新事物的精神,又得益于少儿班给我提供的各种机会。在这个过程中,我体会到能力是锻炼出来的,只要敢于尝试、敢于锻炼自己就可以提高能力。

无论是分组举行的拓展活动培养的团队合作能力,还是英语话剧节培养的组织能力,抑或是作为课代表培养的与人沟通交流的能力和任务执行能力,对我来说都是一种全方位提升。因为要想全面发展,不光要成绩好,还要拥有各种能力。

还记得2009年10月,我们接到任务要去参加2009年11月在韩国举办的World Creativity Festival,由于本应在6月份接到的通知我们在10月份才接到,导致我们只剩一个月时间准备。这次的题目是"青少年航天员在国际空间站七天生活的规划与太空舱设计",我和我的伙伴需要在一个月的时间进行队名设计、太空舱设计、空间试验设计以及文化展示部分设计,而且所有的一切都需要用英文表达。看似简单的任务其实做起来颇费心思,可行性和创意性都是需要我们考虑的问题。我们班派出三组同学参加,怎样在各方面显示出我们的特色,不给人的雷同的感觉,一直我们思考的问题。但就在这种时间紧、任务急的情况下,我们在文化方面以琴棋书画为主线,在试验方面以植物学试验为主线,流利的英文答辩,专业水准的PPT,独具一格的创意,让我们最终获得了银奖。在这个过程中,我的各方面能力都得到了大幅度提升，从创意到实践再到答辩，每一步，都是一次成长的蜕变。

同样，作为团支书的经历，也让我受益匪浅。每次新团员宣誓会及预备团员发展会，都由我一人负责，不但要设计程序，与班主任沟通确定时间，与团委沟通进行审批并拿到团员证、团徽及团旗，与团支部其他成员一起完成入团志愿书的审核，还要组织新团员完成团员证和入团志愿书的填写，主持宣誓会和发展会。从一开始的稍显怯场，到最后的胸有成竹；从一开始的手忙脚乱，到最后的有条不紊；我感到自己的成长与进步，成熟与提高。而这一切都是在一次次的锻炼中获得的。

三年的英语课代表生涯也是珍贵的成长经历。四年中学时光我当了三年英语课代表，让我被同学喻为英语课代表专业户。而在这四年过程中，我成为了真正可以帮老师分担一些琐碎工作的帮手，也让我和英语老师结下了深厚的友谊。我良好的执行力让英语老师在每次选举前要求我留任，而与老师接触的时间让我充分学会如何和老师沟通交流。这些能力是我以前十分欠缺的，但是经过这种锻炼，现在的我，已经可以和各位老师进行良好而有效的交流。这种收获，一方面得益于少儿班鼓励所有同学参与班级工作，尽量使每个同学承担班干部、课代表或组长的工作；另一方面，少儿班老师非常鼓励我们和老师进行交流，在学习方面，对于题目等意见相左时老师也会耐心和我们探讨。在这个过程中，我们既收获了沟通能力，又增强了对知识的理解。

在这四年中，我的各方面能力通过各种方式和渠道的锻炼，逐渐提高，这让我明白，只要勇于、善于锻炼自己，就可以提高能力。

### 心态——平和很重要

我承认，自己并不是心态很好的人。在高考上，也的确因为心态不稳导致了一些失误。保持心态平衡，说起来容易，做起来难，对于我这种心重、凡事比较在意的人来说更是如此。

高考毕竟是一个对于大部分人很重要的事情，走进高考考场才会发现，高考和一模、二模的感觉还是不一样的，走进高考考场的那一瞬间，我想很少会有人真正做到心里不紧张。

根据这次经历，我的感觉是，要想做到考场上尽量心态平和，那么对于考场上的各种情况我们都要做好准备。考前可以先想一下考试的场景，如果不顺了怎么办，顺利了有什么方案可以保证正确率（做得很顺，考完之后却发现正确率并不高也是常有的事）。同样，高考中也会出现各种各样想不到的突发事件，这样的突发事件很容易让人心慌，虽然只是看似不重要的小事，但是很有可能影响心态，最终影响考试。

## 挫折——成长必经之路

当一个人一步步地走近梦想，一步步地走向成熟，挫折一定会在这个过程中起到很大的帮助作用。挫折，可以让一个人慢慢坚强；挫折，可以让一个人静下心来更好地思考自己；挫折，可以让一个人逐渐成熟，慢慢成长。

经历一些挫折会让我们更清楚地认识到自己的问题，经历一些挫折会让我们的心态更加成熟与稳重，会让我们更加踏实、脚踏实地。如果一个人的成长太过顺利，如果一个人的成长没有经历挫折，那么，他在未来的路中很有可能过于高估自己导致心态失衡。而挫折，让我们知道自己的不足，让我们懂得自己永远需要不断努力，不断进取。

记得在少儿班的前两年，我们都有一些心高气傲，觉得自己很了不起，说实话，那时的我们有点自负。但我们的老师，在此时，用几套十分难的卷子狠狠地打击了我们，记得最清晰的是那张平均分不到60分、没几个人及格的物理考试。我无法说那张卷子对我的影响究竟有多大，但我知道，就在这一次次的挫折中，我更好地摆正了自己的位置，就在这一次次的挫折之后，我在仰望星空的同时，学会了脚踏实地。

挫折，有时是一笔比成功还贵重的财富。

进入北京八中少儿班对我来说是一个不经意的选择，但是就是这样一个决定改变了我的人生轨迹。少儿班是我人生第一个转折点，也是我梦开始的地方。在这里我认识了一群有梦想有追求的同学，认识了耐心负责的老师们。在这里，在这四年中，我的成长超乎我的想象，四年前谁又能想到，今天的我，会进入北京大学继续我的梦想。这四年带给我的是无限的美好回忆和无尽的精神力量与财富。

## 第二章：北大——梦延续的地方

现在的我，即将走进北京大学，在博雅塔旁，在未名湖畔，延续我的梦想。过去的荣誉也好，失败也罢，都已然成为过去时。北大，是我继续奋斗的土地，是我延续梦想再次起航的港湾，是我新的乐章再次奏响的殿堂。

我的第二章，刚刚开始。美妙乐声，即将奏响……

> 如果一个人的成长太过顺利，如果一个人的成长没有经历挫折，那么，他在未来的路中很有可能过于高估自己导致心态失衡。而挫折，让我们知道自己的不足，让我们懂得自己永远需要不断努力，不断进取。

姓　　名：熊思雨
录取院系：数学科学学院
毕业中学：北京四中

# 静水流深

曾经有多少人在自己的孩提时代，带着稚气告诉别人，说，我决定了，我要上北大。

## （一）

也许是在某些图册上见到湖山塔影，也许是随着旅行团的人群瞥见燕园里的莘莘学子，也许是从杂志上文集中读到那些北大人的激扬文字，也许仅仅是憧憬向往自己身处中国最高学府的场景……我还可以列举出更多你所能想到的关于梦想北大的缘起，理由不尽相同，但每个北大人心中必定有一个北大梦开始的地方。

我与很多人没有什么不同。无非是在年幼的时候被大人们以开玩笑的口气问起，将来要考什么大学呀。而我也从此才知道，哦，原来还有大学这么一个东西；哦，原来还有北大这么一个地方。很难想象"北大"两个字在国人心中的分量，它是许许多多平凡无奇的人心目中遥不可及但永远存在的一个梦想，继而演变成一个宁静的精神家园。那些鼓励孩子们的大人们可能仅仅是鼓励，很少有谁抱着严肃认真的态度期望着这孩子若干年后真正接到北大的一纸录取通知书，但孩子们却都在此时悄悄地埋下了一颗希望的种子。

从出生起就一直居住的大院，其中的一座小花园约定俗成地成了我们这帮小孩嬉闹的去处。天天蹲在地上挖蚯蚓、在各种体育器材间摸爬滚打，和小伙伴进行一些低龄化的幼稚游戏，即使如此，即使我已经自以为对大院无比熟悉，我却从来没有给小花园旁边的一幢大房子分去半点的注意力。无非是一栋看上去挺老旧的楼，现在作办公之用，这在大院里并不少见；然而这楼规模尤其大，从门口窥视只觉格外阴暗幽深，对于小孩儿来说那办公机构也颇为神秘，久而久之便淡出了我们的视线，现在回想起来竟觉得平日里也从未见有人出入过，当然这显然是不可能的。直到小学的某一天，舅舅故弄玄虚地卖了一阵关子，最后告诉我，那楼是抗战时期国立长沙临时大学的教学楼，保存至今。

于是一发不可收拾，从各种渠道开始了解那段历史，进而开始迷恋那段中国历史上少有的学术繁荣、大师林立的岁月。1937年，当偌大的华北已经容不下一张安静的书桌，北大、清华、南开三校迁往长沙，共同组建了长沙临大，正常办学只持续了一个学期，就又随战火的蔓延迁往昆明，改名为西南联大。我试图走近那栋老楼，试图找寻一些长沙临大的痕迹。然而尽管它从内到外都充斥着旧时光的味道，却难以找到一丝踪迹显示它曾经的朝气。没有保护牌，没有往日的课桌讲台，没有路人知晓它曾经的辉煌荣耀，但我从那不动声色的沉默中依然感受到了潜心学术的力量，这力量穿越时光，直抵人心。从未料到，掩藏在树林阴翳处的老建筑有着如此的渊源；从未料到，我一直不自知地与北大的过去共同生活了这么些年。

自此之后，我突然多了一层对北大的亲切感，《上学记》、《未央歌》等旧时光的回忆录增添了生活的佐料。触摸旧址的砖瓦似乎就能让我沾染上这些学子的灵性，依旧不为人所知的长沙临大仿佛成了我与北大间的小秘密，某种莫名的与有荣焉的骄傲感更是让我认定了北大。小孩儿总是信心满满，从不知畏惧和怀疑。20世纪30年代，千余名学生、教授从华北南下。我所不知道的是，七十年后，我会沿着他们的路途从湖南北上。

## （二）

  不记得是谁曾经说过，人就像一本书，当你在写得不亦乐乎的时候永远不知道下一行写的是什么。只是当你写过一页又一页，会发现原来曾经的伏笔都像错节的根须一般生长开了明亮的花，于是我们的过去与未来光影交织、枝缠叶绕。就像我前一天还在长沙郁郁青青的樟树下穿着天蓝色的校服，准备着期中考试，联系着文编美编策划最新一期的校刊，并且以为这样的日子至少还会持续三年；然后第二天的上午就被叫出学校，坐飞机赶到北京；第三天一早就坐在了四中的六边形教室里。

  来到北京和联系转学的过程如此突兀，就像电视剧情节，我似乎是糊里糊涂却又保持了一丝清醒，就这样一切像快进一般。当时四月的北京满城都是飘飞的杨柳絮，胡同深处的角落里堆积得像棉絮一般，对于一直生活在南方的我，实在是从没有见过的诡异景象。每天经过阜内，经过平安大街，到达西黄城根的那座小园子，一路上还是老城的风景，仿古的建筑，静谧的街道，真有种时空错乱的感觉。

  一直到现在，总有人问我长沙一中和北京四中有什么不同。其实，我没有感觉到什么不同，我相信全国的中学也不会有什么不同，无非是学习和生活，承载了青葱少年的激情与梦想。当然，因为这些共同点，因为种种道听途说的传闻，四中对于我来说并非全然陌生，但是不可避免地，许多困难与挑战也横在我面前。其实，真正能促使我尽快适应新环境的，不是那虚无缥缈的熟悉感，而是那么多迫在眉睫的任务逼得我只能飞跑着将它们一项项解决，根本无暇去想东想西。刚到四中，便得知离高一下学期的期中考试只剩不到一个星期的时间，而我面对的却是完全不同的语文和英语教材，版本不同的数学教材，进度不同的物理和化学教材……于是我借来同学的语文课本复印,在那个周末抱着厚厚的一摞复印纸自学完了必修2的全部古文和字词;在和原来相比变得格外紧凑的化学课上充实了自己所落下的知识;对照着同学的笔记把物理机械能自学完毕;通过教程掌握了跟我原来所学不同的编程软件;其间还进行了种种选修课的选择。一个星期其实过得很快,在我还没有意识到的时候,我早已融入了四中。

高中的前两年无论怎样多少会与高三有些不同。后来和同学聊起,才知道每个人都有过各种尝试和犹豫,每个人通往终点的路都不是笔直平坦的,但那些拐点无一例外都标志着我们的思考和选择。羡慕过保送生的风光,于是也试图参加竞赛;向往过本科留学的优势,于是也背过单词练过口语;敬佩过学长们华丽的课余活动,于是也进过社团做过学生工作……只是到了最后,因为自己的优柔寡断或者其他种种阴差阳错,我们最终还是回到了高考这条更多人走过的路上,再次试图做得更好。

在别人看来总该是跌宕起伏充满新鲜感和戏剧感的生活,如今回首,却仿佛带着一样面具的脸孔,看不出哪天和哪天的不同。我只是一心一意地这样向前走,路很长很长,我没有回头没有放弃,路边的风景很美,这些曾经面临的挑战和曾经收获的幸福便点缀其中。

## (三)

如果说当年的小孩儿是带着稚气却又无所畏惧地宣告他们对北大的向往,那么当他们越接近这条路终点的时候,他们就越看得清梦想和现实的距离。上高三前年级里统计过一次大家的第一志愿学校,我不太清楚多数人是认真地还是戏谑地填上了一个名字,总之将近60%的人第一志愿是"北清"。然后在高三的每一次年级会上,那张统计表无数次地反复出现,提醒着我们当年的梦想。可是当时间越来越接近高考，每个人的态度也越来越现实，而自从5月17日北京高考志愿填报系统关闭的那一刻起，一切都不容再改变。

我庆幸自己是为数不多的从开始到最后都未曾变更过理想的人，也从未想过自己除了北大还会去哪里。其实，每年的高考过后，我们都津津乐道别人的或走或留，高兴也罢，难过也罢，羡慕也罢，惋惜也罢，终究是事不关己，仅作茶余饭后的谈资；他们的荣耀他们的失败，都化作了我们几句轻描淡写的评论，消失得无影无踪。真正轮到自己，才有了些许的真实感。

高二的日本修学之后，回到四中，上届的学生们早已离开，那些教室都敞开着大门空空荡荡。"又上一层楼"，我们搬进了高三的教室。第一次的学长助学时，几乎每一位学长学姐都提到了"天道酬勤"，其中一位则说，从高三（6）班的教室往窗外看，正对着的就是综合楼墙上的八字校训，而如果你坐在自己的座位上，你只能看见其中的第一个词：勤奋。是的，我们总是被告知，勤奋是取得高考成功的唯一途径，事实也的确如此。所有在高三一年踏踏实实走过来的人，最后都在高考中收获了成功。我并不认为自己通过一年的复习在学业成绩上会有多大的提高，可是我能清楚地感受到每个人精神的沉淀和内心的日趋强大。

人们总是喜欢读那些记录高三经历的文字，看着别人的勤奋、别人的不眠不休、别人的峰回路转柳暗花明，试图从中汲取某些鼓励或警示的力量。最常见的，无非是什么高三放弃了体育活动坐在教室里埋头苦学一整天不下楼，或者大半夜开着台灯默默地演算一篇又一篇的习题，再比如跟一道数学题较劲搭上整个晚自习……我也是读过这种故事的，而且还从中获得了许多趣味，也曾经产生过诸如此类的幻想，决定高三一定要做到以上种种。

然而事实是，高三的体育活动我坚持得比谁都好，每天的课间操和体育课从未间断，一直到高考放假前的最后一天；开夜车什么的虽然我一直想试一试但到今天为止还没有付诸实际行动；面对那么多需要处理的复习资料真的不可能把一个晚上就耗在一道题上……我真实的高三过得一点儿也不激情洋溢，一点儿也不壮怀激烈，我甚至都想不起来什么值得去抒写的完整故事，也许只能通过闪过脑海的那些充满画面感的片段来勾勒出一个属于我的高三记忆。高三是，在粗砾风沙的田径场上看到"爱统练更爱锻炼"的标语而相视一笑，隔三差五地去生物教研组布满各类毛茸茸标本的小屋数卷子，晚上在自己房间学习时从窗帘的缝隙中瞥见对面中学的灯火通明……

是的，我常常在每天平凡无奇的日子中对我的未来产生某些瑰丽的幻想，也曾经俗不可耐地幻想自己在高三结束后也要华丽丽地来一番轰轰烈烈的回忆。只是，到了现在，才发现我的高三本就不够华丽，做过的事，走过的路，都因为日复一日的重复而变得更加平凡。

## （四）

小学的时候曾经在北大百年讲堂参加过某个比赛，著名的北大西门在雨雾的笼罩下没有给我留下任何印象。而当我第二次站在北大校园里就已经是高三的寒假了。

参加北大自主招生，似乎是理所应当的。笔试是在二教，面试是在文史楼，一切同样顺利，而我也好像只是在周末坐上4号线从西城来到海淀而已。见到了比我想象中要美很多的未名湖，见到了夹在游客群中的北大学子。站在那个低调得不能再低调的北大东门口，我希望在八月底后从这个门进出四年，希望在燕园里度过更加精彩的四年。

接下来的日子过得愈发快，只觉得是突然一下，很多事情都变成了我在高中经历的最后一次。原来以为高考离自己还很遥远，但正如某学姐所说，无论是惶恐还是期待，它总是以出乎人意料的速度到来，然后过去。似乎是在我还没有进入状态的时候，英语科目的交卷铃就已经打响。完全没有同学口中"打铃，划上英语作文最后一个句点，然后在心里欢呼"的感觉，我依旧是很平静地完成了这辈子只会有一次的和全国几百万同龄人一起奋斗的高考。原来在心里勾画过无数次的丰富多彩绚烂无比的暑假，其实也仍旧是平凡无奇。我期待了这么久的这个夏天，它与过去的这么多个夏天，其实没有任何不同。

于是现在我又要开始憧憬幻想期待我的北大生活，并将在未来的四年里继续平和冲淡地走下去。该怎样还会是怎样，生活中不是每天都需要我们做出选择，不是，我们只要踏踏实实地沿着上一次选择的方向走下去就好了，但是当我们真的面临人生的分岔口，我希望我们每个人都能拿出选择的勇气。生活中不是每天都跌宕起伏，不是，我们也许还会厌倦这种重复平凡却还必须坚持着付出的日子，但是当我们真的被意外的失败或是困难击中，我希望我们每个人都还能保持住平和的心态，专注而坦然地继续走下去。

静水流深，表面平静无波，实则内有丘壑。

我期待着水到渠成的那一天，并愿意为之付出之前日日夜夜不曾间断的涓涓细流。我带着期待走进北大，继续前行。

> 高三是，在粗砾风沙的田径场上看到"爱统练更爱锻炼"的标语而相视一笑，隔三差五地去生物教研组布满各类毛茸茸标本的小屋数卷子，晚上在自己房间学习时从窗帘的缝隙中瞥见对面中学的灯火通明……

姓　　名：徐　韬
录取院系：物理学院天文系
毕业中学：河北省沙河市第一中学
获奖情况：2010 年河北省物理竞赛二等奖

# 蜕　变

"恭喜！你的通知书来了，快去学校领吧！"

从喜悦的河流摆渡上岸，擦去一路辛酸，此刻我的心，像夏日午后的阳光一样安静。只是那曾经的点滴、那岁月的号角，在渐渐清晰、清晰……

一

我来自一所普通的县级中学，在小小的县城这是最好的中学。可是，和许许多多其他普通的县级中学的学生一样，清华北大于我们就如同遥不可及的梦想。县中的学生最近一次考上北大，还是在 1999 年。记得 2010 年高考发榜的那一天早晨，我听见有一位老师苦笑道："二本很多，尖子太少！"从踏入县中大门的那一刻起，我们就知道自己都在没有竞赛没有自主招生的环境中突围，在千军万马过独木桥的高考战场中，重点中学正在逐步称霸，而我们面临着越来越被边缘化的风险。

尽管一年接一年的高考成绩并不令人满意，我们自己也根本没有值得炫耀的资本，然而梦想，却仿佛是每天必然升起的太阳，照耀着每一个立志考出去的同学的心田。

怀着忐忑的心情，高中生活开始了。

## 蜕 变

县中刚搬至新校址，我从一名走读生变成一名住宿生，一切对于我都那么新鲜好玩儿：第一次和别人"群居"宿舍，睡觉前体验大开卧谈会的快乐；有些高中老师不像初中老师那样逼着你交作业，写不写靠自觉……一切的一切都在强烈冲击着懵懵懂懂的我，"高考还远，高一好好玩嘛！"而坐在我后面的女生，却显示出惊人的沉静。她天天埋头于各种资料中，手里的笔不停地演算数理化的式子，走起路来，瘦小的身躯竟能以凌波微步的速度"越人无数"。据说，她那时早已把高一上半年的功课学完了，正在自学下册内容。可每次考试成绩下来，她总是没有我考得好。不知不觉中，我加入了玩乐的行列，积极参与着八卦讨论，积极地去各个宿舍串门，把作业远远扔在脑后。

年底分科考试。物理 70 分。我张大了嘴巴看着成绩单许久许久。意料之外，情理之中。那么多未完成的作业，那么多没做过的例题，你，还想怎样？可我不相信就是 70 分的水平！我真的不相信！"我觉得你适合学文科。""学文科吧，你文科底子好多了！"家长、老师、同学都在劝我，我却从容地在理科的小方框里打上了对勾。我要让别人知道，我的理科并不差，我要让自己知道，不付出努力将一事无成。

分班后，我没有留在原来的班级。原来的班主任要了理科第一名，是个男同学。"虽然说这次物理考试有点难，可是人家考了 96 分！""天啊！他怎么考的呀！考那么多！""那小子，可聪明啦！原来在我们班的时候，他数学物理都无敌啊！"反观我自己，区区 70 分，70 分。我再也不想得到那个分数了。

于是，我试着每天早晨第一个冲出宿舍，第一个坐在班里开始一天的忙碌。我试着小步快跑，尽量节省路上的时间。我试着当起了物理课代表，跟物理老师"套近乎"，第一时间完成作业去找老师评判……当充实占据我的身心，我这才感觉到自己真实的存在。我在早起奔忙的过程中第一次注意到了清晨杨柳梢头的月亮，看着它忽的一天变得圆圆满满，忽的一天又弯弯尖尖。"光阴似箭，日月如梭"第一次在我心中有了明确的感知，就像枝头月亮，在不经意间已经历经了无数起落。时间的车轮驶过，春天的气息越来越浓，校园里的桃花开成了一片粉红。期中考试，我终于收获了高中第一个物理满分。

"难道就这样吗？这就算完了吗？"我暗暗问自己。不，我的目标是北京，而我离北京还太远太远。我清晰地记得刚上高一时班主任说的话："如果你不能远远地把别人甩在后面，你就不可能考上清华北大。根据以往的规律，咱们学校一届最多出一个考上'清北'的学生，现在好多年了一个也没有。如果你跟别人分数差不多，你考上了，那人家为什么不能考上？"所以，我要跟别人不一样。是的，我要跟别人不一样！胸中似有千江水奔涌起伏，瞬间激起了朵朵浪花，此刻，我感受到了梦想强烈的召唤。

在高一、高二相对宽松的日子里，我精心安排着自己的学习生活。语文是我的强项，为了夯实基础，我做了很多字词练习。因为县中的语文教学督查不严，所以大家对语文也是打打马虎眼就算过去，而我依然倔强着我的倔强。数学我总是力争比别人的预习快一步，同桌抄抄答案就能交差的地方，我往往要倾注很多时间去彻底消化。一些类似的题目，我会饶有兴致地总结，甚至写成小论文的形式。每天中午都是留给英语雷打不动的阅读时间，尽管会遇到很多生词，查词典查到头昏脑涨。物理老师留的思考题我总是班里第一个完成，然后就去找老师交流，看是否正确，是否还有更巧妙的解法。对于化学和生物两门不太喜欢的科目，我在笔记上写下"死缠烂打"四个字，逼着自己要学好。

每一次考试成绩公布，我都不厌其烦地做着试卷分析和总结的工作，然后制订一个认为合理的学习计划。周末，我会根据执行的情况做出一些调整。这样的学习方式让我在同学认为很枯燥的高中生活中过得有滋有味，因为每一次制订计划、每一次评估自己，都会使我清晰地把握自己的学习状况，即使有走弯路的时候，也会从中吸取教训，争取在下一步做好，那种快乐是难以言表的。

然而事情往往并没有自己想象得那么简单顺利。语文成绩反反复复，数学排不到前几名，被打入"中等生"行列，英语遭遇瓶颈一直徘徊在 120 多分，无法提高……现实一次次地考验我的耐心。奇怪的是每一次面临艰难的时刻我总是能想到黑暗预示着光明，越是难的时候，我就越坚定信念：没错，天将降大任于斯人也。但是我终究不是一个钢铁侠，高二上半学期期末考试的物理给了我重重一棒：74 分。我几乎不敢相信自己的眼睛。我想不明白究竟是哪个环节出了错，我做了大量的笔记，把每一张试卷都做得透透的。我到底哪里出了错？那段时间我曾经犹豫过，自己是否太过偏执；曾经怀疑过自己的能力，当初选择理科是不是一个错误。每天夜里入睡前，想起令人心寒的物理分数不禁一阵痉挛，跟妈妈打电话时都会不由自主地哭泣。我承认那时的我还不够坚强，不懂得怎样才能使自己坚强。为了物理花费了大量的时间和精力，但是最后还是收获这样一个结果。迷茫中，物理老师送给我四个字：熟能生巧。他用温和的语气跟我讲了卖油翁的故事，"什么都离不开练。"刹那间我犹如醍醐灌顶。"一步步来吧，没有什么是一蹴而就的，只能说明你的基础不够扎实。加油，风雨时刻请坚守。"我在日记中写道。

收拾好自己的心情，我像往常一样开始了认真的试卷分析："错题 N 多，不要气馁……这道题考查电场线的概念，对概念的理解还不够透彻……这道题计算量不小，计算能力有待提高……没有捷径，我需要先量变……"在成长的道路上，我感谢那次物理考试。正是那次糟糕的分数，让我懂得不要焦躁，有时成功并不在预想的道路上等候着你的到来，在迷茫孤独的时候，你更需要坚持，因为成功就是在不能坚持的时候再坚持一下。

"如果你不能远远地把别人甩在后面，你就不可能考上清华北大。"在高二即将结束的期末考试复习周，我越来越感觉到高考的迫近，越来越感觉到自己将要面临的是一场恶战。

## 二

高二的暑假，我有幸参加了北大天文系联合国家天文台和北京天文馆主办的天文夏令营。第一次来到北大，忐忑、激动、自卑……将我重重包围。因为：北大，是一块圣地。我是一个多么渺小的无名小卒，我是一个多么平凡的朝圣的准高三学生。轻轻漫步在北大校园，我唯恐惊动了这里的一草一木。澄澈平静的未名湖水倒映出博雅塔高贵的身影；湖畔杨柳婀娜，微风习习，甚至连呼吸都满是书香！这就是自戊戌变法以来作为高等教育旗帜的北大，这就是具有独立思考与批判精神的策源了"五四运动"的北大，这就是诞生了一代代学术大师的北大！……未名湖面积并不大，而我终于理解了诗人海子写下的："未名湖是一片海洋。"这真是一块圣地！

在为期五天的夏令营活动中，我被分到了"银河铁道"组。刚开始，我很不自信，因为自己的天文基础是零。生活在小县城的我从来没有见过真正的望远镜，也从来没有接触过识星的知识，缘于对物理的喜爱和对北大的向往才报名了此次天文夏令营。可就在短短几天的时间内，通过教授们精彩的讲座和对天文台、天文馆的参观，我发现自己对天文这个原本陌生的学科产生了浓厚的兴趣。宇宙中的暗物质暗能量究竟是什么？人类能否通过黑洞实现时空穿梭？那些设计巧妙的天文望远镜是怎么工作的？……所有一切勾起了我强烈的求知欲望。

夜空中闪烁的星星，是宇宙灵动清澈的眼睛。天文学，是一门综合了理学与美学的学科。我们小组的名字"银河铁道"就取自日本画家加贺谷为天文创作的动画电影《银河铁道之夜》。电影唯美的画面就像磁石一般将我紧紧吸引，坐在天文馆的放映厅，我除了惊叹，便只剩下一份梦想：一定要考上北大天文系。

夏令营很快就结束了。踏上归乡的列车，我心中充满了不舍。第一次参观了北大校园，第一次了解到天文学科的美妙，也第一次从其他夏令营营员那里听到了在普通中学越来越难以考上北大的观点。梦想与现实不断浮现又沉潜，耳边火车与铁轨碰撞的声音仿佛就是出征的号角，它们在不断重复，重复。

## 三

传说中"压力山大"的高三如期而至，紧张的复习马上就开始了。新上任的班主任对我们要求很严格，一切向衡水中学看齐。大家去食堂的方式都由走路变成小跑，自习课安静得藏不下任何细微的说话声和小动作声，连平时最爱说话的同学，也沉下脑袋，埋头于课桌上书的围城。仿佛从步入高三的那刻起，所有人都有了心照不宣的默契：为了第二年的六月，拼一把悬梁刺股，搏一次青春无悔……

第一轮复习的初期还是相对轻松些，可我总有做不完的习题。没有多久，老师告知我，我获得了被天文系推荐参加自主招生考试的资格。参加自主招生考试，这在我们县中还是破天荒头一遭，我的虚荣心得到了极大的满足。由于第一轮复习重视基础而我高一、高二的底子还算不错，每次考试成绩还是相当稳定。于是，自我膨胀开始慢慢侵蚀我的备考生活，即便成绩分析和学习计划已经显露出空洞和不切实际，我仍然没有意识到自己在一步步走向危险的境地。终于，接连两次考试中，别人把我甩在了后面，我却依旧延续着"乐观主义"，把认真严谨丢在一边。我的心气越来越浮躁了，高三的上半年很快从指间溜走。

不出意料地，噩梦悄然降临。

首先是自主招生考试。再次来到北大，又匆匆离开，这时的我只有一湖悔恨的泪水。答题情况非常不理想，最喜爱的物理惨不忍睹……走出校门，我脑子一片空白，不，是灰白。那个冬日，北京的天色是灰蒙蒙的，车来车往的马路是灰蒙蒙的，路边的高楼与商店也是灰蒙蒙的，目力所及之处，找不到一点初春将要到来时的色彩。

当我还没有走出自主招生考试的阴影的时候，三月份，学校举行了一次模拟考试。这是高三下半年非常重要的一次模拟演练。成绩公布，我只考了632！这个分数，就是有40分的加分也不够北大的分数线！县中的第一名成绩是660多分，狂甩我30多分。高一班主任的话很快在心中响亮起来："如果你不能远远地把别人甩在后面，你就不可能考上清华北大。"也就是说，如果今年学校有考取北大的同学，只可能是那个第一名！

同学对我说，她在办公室的时候，一位老师看了看理科成绩单，摇摇头冷冷地来了一句："徐韬，不中了。"

那个晚上，我彻夜难眠。梦想与现实的差距迫使我反思自己的状况，同时似乎体会到了一种叫人情冷暖的东西。我终于开始懂得自己之前的自信只不过是自大，乐观只不过是阿Q精神。突然间前所未有的恐惧感涌上心头，在高考面前，我如此恐慌，如此不堪一击，真是这样吗？如果不是，就百分之一百地拿出坚强！

时光过得飞快。方才还天色渐明，马上就暮色四合。时间无形的脚逐步踏青了校园的漫漫碧草，杨柳发芽，桃花结蕾，天空的眉宇间透过一丝不可捉摸的流逝。自主招生考试结果出来了，我带着极其糟糕的物理成绩磕磕绊绊地获得了20分的加分。但那已经不再至关重要，在残酷的现实面前，20分显得那么苍白无力。我把漂浮的身体沉潜下来，把浮躁的头颅深深埋在各种复习资料构筑的城堡中。虽然被现实一次次摔得粉身碎骨，但只要坚守那座城堡，我就会在自责中感觉到一瞬间的安全。有时走着路，奋进的战鼓就会从四周袭来，敲打着、拷问着最初的梦想。高考面前，我输不起。

不抛弃，不放弃，只要有一线希望，就要尽百倍努力，即使我的紫葡萄最终会化为深秋的露水。今天仍旧重复着昨天的噩梦，可是不能摧毁对明天的憧憬。

当一次又一次残酷的模拟考试成绩摆在我的面前，当别人的分数持续凌驾于我之上，当对于北大的渴望每一夜都鞭笞自己的现状，我真的不想，不想葬送自己的梦！日记中留下这样一段话：

"杨柳在这个春天的黄昏开始发芽，温暖如煦的东风于我却残酷无情。仰望着头上的蓝天，有时会突然感到一种莫大的恐慌。天色就这样被拉长了，天气就这样转暖了，一弹指，九百生灭，哪一个是我微尘般的身影？

当梦想逐渐成为幻想，当未来清晰到可怕，谁可理解我浪子的心情？而我又是不值得一点同情的。世界不相信眼泪，高考之后，再无高考。"

"在这个来去匆匆的季节里，一切敏感纤细都是奢侈。每个人都比昨天更加明白梦想与现实之间那道不可逾越的鸿沟。"我整理好行装，继续着飞蛾扑火式的悲壮。奇迹也许会发生，奇迹也许不会发生。失败与沮丧一次次地席卷了我的城堡，而我必须告诉自己梦想必会实现，即使怀疑的阴霾已经开始在心头蔓延。我从未像那时一样专注而沉稳，把头深深地埋在书本中，谢绝了一切与学习无关的鸡零狗碎。我从未像那时一样孤独，所有人都在为了自己的目标被现实撞得头破血流而依然勇敢无畏，所有人都把心事牢牢上锁也关闭了倾听他人的大门，所有人都在通往明天的路上踽踽独行。

2009年，县中第一和北大分数线相差23分，2010年相差36分。我翻阅着《报考指南》上的理工类录取数据，目光久久地停留在北大的那一栏。这还只是针对第一名，而我现在连县中第一名也不是。"如何突围，你懂的；如何奋起，你懂的"，我在心里默念着，

## 四

走进高考考场,我没有预料中那么紧张。这是一场考试,只需要专心做题。22.5小时+22小时的时间里,我抛开了北大,抛开了种种期望,只有眼前的试卷。从考场走出,我也没有像预想的那样欢呼雀跃,只是在想,一切都结束了。不管结果如何,我不会后悔选择北大作为高考的奋斗目标(虽然在别人看来是好高骛远),不会后悔在房间里贴上报纸写下自己一定要考上北大的誓言,更不会后悔为了北大在意志磨炼中度过的高中岁月。

高考成绩出来的那个晚上,老师打来了电话。我的分数并不是很高,681,但是已经和第二名647拉开了差距;加上20分,上北大天文已经绰绰有余。那一夜我再次失眠,当梦想的触角触及现实,夜空中的星星闪烁着清澈的明眸,我乘着银河上的列车,向北大渐渐驶近。这原本只是我的梦,一个隐匿在心灵深处不曾语人的梦,而今,它成为了真真切切的存在,曾经的泪水和汗水在一瞬间汇成了欢乐的海洋……

当高中渐渐走远,记忆中的人和事却不因时光的冲刷而模糊不清,反而愈发清晰。我感谢我的父母、老师和同学,他们陪伴了我的成长,陪伴着我考入北大。我感谢那段岁月,它教会我坚强并且勇敢地去面对生活给予的一切。蜕变是痛苦的,可是每一只蝶都必须经历破茧之痛,才能迎来最美的飞翔。前行,我将走得更加坚定。

夜空中闪烁的星星，是宇宙灵动清澈的眼睛。天文学，是一门综合了理学与美学的学科。

《银河铁道之夜》唯美的画面就像磁石一般将我紧紧吸引，坐在天文馆的放映厅，我除了惊叹，便只剩下一份梦想：一定要考上北大天文系。

姓　　名：薛博元
录取院系：光华管理学院
毕业中学：中国人民大学附属中学
获奖情况：2011 年北京市优秀学生干部
　　　　　2010 年、2011 年海淀区优秀学生干部
　　　　　2009 年海淀区三好学生
　　　　　北京市天文知识竞赛高中组二等奖

# 梦想沉淀时光

十一岁时写下的日记摊开在我的双手上，我站在小屋的中央，环顾着这个陪我走过高中时光的房间。两个书架塞得满满的，钢琴凳上、床下、墙边的地上，甚至连我的整张床上，都堆叠着厚厚的书和卷子。这些在高三与我并肩作战的书上已经蒙上一层薄薄的灰尘，轻轻地告诉我，那段有笑有泪、辛苦却美丽的中学时光，在弹指一挥间，已经悄悄离我远去了。

2005 年，我告别了那个满载着我童年记忆的城市——哈尔滨，踏上了北京的土地。泪水飞快地流过我的脸颊，滴落在黑土地上。我和儿时的伙伴们一一拥抱、告别，小阳高声喊着："六年后，我们北大见！"堇轻轻地说"在北京等我"。

我到了北京后，还和小阳时不时地相互寄信，当人们都用起手机和网络的时候，我们还是固执地用笔写下祝福与思念，在每一封信的末尾，我们总是这样说"一起努力，北大见"。我每一次都会用笔重重地写下这句话，用我全部的虔诚与敬畏。一份挚友心间温暖的约定，一个女孩心底美丽的梦想，开启了我绚烂粲然的中学韶光。

初中，似水流光见证了我的所有疯狂与汗水。回首往事，我可以骄

傲地说，我的初中三年，比任何电视连续剧都要丰富多彩、曲折变幻。

分班考试，没有任何准备的我被分到了（5）班。没学过奥数，没听说过华校，带着挥之不去的东北口音，顶着一头乱蓬蓬的头发，我总是被同学们在无意间嘲笑。第一次排座位，我被分到了最后一排，和比我高20厘米的男生同桌，前排男生高大的"丛林"让我只能看到黑板的一角。第一次听说有学代会，我兴致勃勃地参加，准备了厚厚的材料，绞尽脑汁一次又一次地修改讲稿，对着镜子一遍又一遍地练习演说，到竞选那一天才发现，我是唯一一个参选学生会主席的初中生，而历届的学生会主席都是高中生。初一的第一次大考，成绩发布后，我才第一次听说每次大考会全年级排名，那一次我考了六十多名，但却下定决心要考一次年级第一。

初入北京，我似乎与大家格格不入，又从未得到幸运女神的眷顾，但我总有那样一个梦想——"考上北大"，我总相信，没有什么不可能。在那些充满坎坷的路上，我永远莽撞而自信，常有人嘲笑我天真，我却一直相信，有些时候，在那些最困难的日子里，是天真给了我们前行的力量。

后来的初中时光里，我翻过教室的窗户，翘过数学课、体育课，我曾经因为贪睡而比其他同学晚到校两个小时，也曾经骑着山地自行车和男生们比赛……那些"疯狂"蔓延在我年少的心中，但在每一个与书本相伴的安静夜晚，我总能听到心间徘徊不散的呼唤，总能想起儿时的朋友与我的约定，有关北大，有关梦想。

在这样的韶华中，我遇到了与我一样有着北大梦的赵一，每当我流下难过的泪水，每当我释放孤独的叹息，赵一都在我的身旁。很多时候，她就是那样默默地陪我站在阒寂的湖边，很久很久，直到秋风吹落我心底的所有忧伤与迷茫。

我的生活在放肆的快乐与安静的努力之间交错进行。我用一年的时间完成了一个科研课题，花费一个暑假和搭档绘制地图，去日本参加国际竞赛，得到了意想不到的收获。初二的某次大考后，我开始保持在年级前两名。从未有人想过，一个并非来自实验班的学生能够名列年级第一，但是我从来就不相信会有什么不可能。

初三，我报名参加了初中数学联赛，但那个时候，我对竞赛一无所知。我怀着纯粹的愉悦的心情答题，走出考场后便将它完全抛在脑后。那以后的某一天，数学老师突然把我叫到办公室，笑着告诉我，"你获得了数学联赛三等奖"，我却茫然地问，"什么时候有过数学联赛？"这一问，老师笑着的眼睛里分明涌起一丝担忧，她犹豫了一会儿后，轻轻地对我说："你初三才得到三等奖，人大附中的一些学生初一就拿到一等奖了，你如果高中去了那儿，人生地不熟，该怎么办呢，有谁会帮助你呢？"那一刻，我不知道怎样回答她，便笑了笑，"没关系的，老师"，我这样说。我想起我刚刚来到北京的日子，那时，又何曾不是没有一条熟悉的路，没有一个认识的人？但回首往事，那段时光虽然辛苦，却并不让我心酸。在人生的悠悠长路上，总有一些恐惧与陌生，是那些将恐惧变为亲切、将陌生变为熟悉的过程让我们在砥砺中不断成长。

中考，我从101中学顺利考入人大附中，高中生涯也就此开启。从我迈入人大附中的校门那一刻起，我的北大梦便随着时间的推移愈加清晰，而高三，更是见证了我全部的汗水、泪滴与微笑。

不知是从哪一天起，也或许就在一瞬间，我开始不做初中常做的那些翻窗、翘课、飙车之类的傻事，我开始真正明白学习的意义。我享受着每一节课，从音乐、美术到数学、语文。高一的期中考，是我第一次参加闭卷历史考试，那一次，我只考了65分。我的朋友们都在90分以上。我考了全班的倒数几名，纵然我一直很认真地听课。发卷子的那天，我不知所措，一次又一次地抚摸着纸张的折痕，泪水在我的眼眶里不停地转动。从那以后，我一直很认真地背下历史、政治的每一个知识点，考前做的唯一一件事，就是捧着书一遍又一遍地背，我甚至背出了抑扬顿挫，背出了旋律。那一本本历史书被我画满了记号，我的历史和政治再也没有扣过5分以上。

高二文理分科，我犹豫了很久，我想到小时候自己说"我以后要学文科"，记起初中的老师劝告我"你适合学文科"，但最终还是选择了理科，人们来问我为什么，我只是简单地说，因为我喜欢。那是平常的一天，我来到学校上课，看到走廊里搬着桌椅的同学熙熙攘攘，看到教室里空出两个座位，看到一个白得出奇的陌生男生站在讲台旁，看到一个瘦瘦的男生坐在靠门边的座位上，我忽然感到一种新的气息，忽然发现，高考与我，又近了一步。

  高三似乎是一转眼就到来的。仿佛就在瞬间，寒暑假多了补课，厚厚的作业要我每天学习十个小时才可能完成，考试每天都有，课堂笔记多得让人眼花缭乱……短暂的午休时间，留在教室里的我总是忍不住与朋友们聊天。于是我爬上教学楼的最高层，捧着未完成的作业，裹着厚厚的羽绒服，在台阶上垫一本书，然后坐下，在冷风呼啸而过的楼梯上自习。最后，我因此生病，不得不放弃。和我一样曾在冬天冰冷的楼梯上自习的，是曾和我同班的文科生丹丹，我们有着同样的北大梦，在寂寞的一级级台阶间，我们各自努力着。直到一切尘埃落定，我们幸福地发现，彼此都考入了光华管理学院。直到现在，我还怀念那段时光，那些怀着同样的梦想，不顾一切地共同奋斗的日子。

  高考前，学校给了我们十二天的自主复习时间，我曾到北大自习，经过光华楼时，我默默告诉自己，将来一定要到这里来学习。走进考场的那一天，我与校长、老师们一一拥抱，我紧张得吃不下早饭，却在坐在考场中的那一刻格外平静。理综比我想象的难很多，有那么一瞬间，我面对着那几个我无论如何也填不对的空和飞速流逝的时间，紧张得大脑一片空白，但最后，我还是尽全力填好那些让我茫然的题目。当英语考试的结束铃声响起，当我慢慢地整理好桌上散乱的笔，当我走出考场对着朋友微笑着说"考完了"的时候，我并没有感觉到一丝前所未有的释然。高考结束后的那天夜里，我很快就睡着了，没有狂欢，没有喧闹，一如我高三的每一天，那些平常却难忘的日子。

高考结束了，在高三劳累的日子里，我几乎不曾做过梦，但此时，我却开始常常梦见自己在为高考紧张地备战。我梦见还有一周就要高考了，而自己还没有开始复习，醒来后，我还在梦中不能自拔，直到我努力回想起高考那两天的情景，才终于松了一口气。

公布分数的那天，我知道自己终于能实现那个伴着我走过那些珍贵年华的梦想，从此，那有关高考的梦魇再也没有与我相遇。

在前往西安的火车上，我得知自己被光华管理学院录取，那一串我朝思暮想的汉字在屏幕上静静地等候着，恍然间，似乎有一阵风吹进我的心底。忽然想起，在童年晶莹而温暖的岁月里，我曾抚摸着未名湖畔的老树，望着湖面闪烁的波光，陷入无尽的遐想；在年少的韶华中，我曾无数次地在日记本上写下"北大"，墨迹渐渐浸入纸内，那悠长的梦也缓缓流入我的心底；在为了高考而奋斗的时光里，我曾在书桌前的墙壁上写下我最清晰的愿望，在每一个即将放弃的时刻，告诉自己，加油。

如今，我捧着多年前的日记本，七年过去，泛黄的纸上字迹依旧清晰：

"我有两个心愿，一个是周游世界，另一个是考上北京大学"……

我想起我刚刚来到北京的日子，那时，又何曾不是没有一条熟悉的路，没有一个认识的人？但回首往事，那段时光虽然辛苦，却并不让我心酸。在人生的悠悠长路上，总有一些恐惧与陌生，是那些将恐惧变为亲切、将陌生变为熟悉的过程让我们在砥砺中不断成长。

姓　　名：曾　理
录取院系：法学院
毕业中学：成都市实验外国语学校

# 十载等待，一度花开

　　世间种种皆是缘分。鸿雁传尺素，当一纸录取通知书从遥远的北国穿越崇山峻岭抵达我手中时，那份感动竟如滔天巨浪漫过我心尖，从此我缘牵未名。回首来时路，几番风雨，几度起落，更有几分温情，几度青春，几分执著，几许人生。

## 一、童年梦，燕园何处

　　稚子懵懂，何曾虑前程？生于天府之国一座小县城的我像大多数同龄孩子一样乐享纯真童年，把歌诗三百只当玩意儿，把孔孟之道只做即兴表演的"拿手活"。不懂，不问，不思，不学。学习于我只是强加的负担，每被问及理想的职业与大学也只是茫然。但是当懵懂无知的我屡屡在最崇拜的大人们口中听到对北大的称赞时，凭着那一股孩子气的好胜心，我便"下定决心"将来要上北大，要惊世人。但是，那时我并不知，燕园梦，一语成谶，而燕园路，险峰重重。

## 二、故乡遥，离人难顾

　　小学刚毕业的我仍是不知人事的孩童，却在童年的尾声里为求那一份高度、深度、广度踏上了通往省会名校的路途。我知自此之后便只能是"故乡遥，何日去？"便只能与它"相逢在梦中"，纵然根在家乡，但叶又归根在何时？车窗外飞快掠过陌生的风景，纵是前方繁花似锦，却只换得我倍加的空虚，兀自吞咽一腔离愁别绪。陌生的学校，陌生的宿舍，陌生的同学压得我喘不过气来。在父母转身离开的背影远去时，倏然泪下的我只能躲在门后任无助与恐惧席卷过全身。乡愁自此成为一剂苦药，煎熬我心，苦意经久不散。我告诉自己"只要挺过这份煎熬，就能比别人多一分坚忍"，因我明白"祸兮福之所倚，福兮祸之所伏"、"如果环境无法改变，就只能改变自己"。于是我试着习惯，试着把思念变成一份动力，用"故乡情，游子泪"浇灌成长，滋润人生。随着年龄的增长，家乡已成为我的精神寄托，虽"遥不可及"却不离我心，远与近之间的距离便是成长的路程。今后，我与家乡更将是天南地北，但这份故乡情将伴我纵情未名博雅，走过漫漫人生。

## 三、求学路，几度沉浮

小学毕业的我带着"优异"的成绩，亦带着随之而来的骄傲走进了所在初中最好的班级。

成绩的较量是一场我们拿自尊相搏的战役，然而在人才辈出的精英堆里，最好的永远只有几人。当昔日的"天资聪颖"比不过他人的超高智商，当曾经引以为傲的成绩如今湮没无闻，当学习由轻松简单变得高压困难，当老师的目光再难长久地锁定在我身上，深受打击的我却只能默默承受。俗话说：物极必反。曾经百般骄傲的我在极短的时间内丧失了自信，丧失了勇气，只剩下无尽的沉默自闭。那时的我给自己关上了向外界敞开的门，我开始变得烦躁不安。因极少与同学交流使我失去了在班级的"存在感"，日渐孤僻，也日渐感到孤独之苦。同时我因不能适应被拘束的生活而经常受到老师的批评，那无疑是雪上加霜。在那长达一年的时间里，我都不曾找到真正的自我。鲁迅说："不在沉默中爆发，就在沉默中灭亡。"我知自己正走向灭亡，但家人的辛劳和故乡的温情让我找回了离乡背井求学的目的，于是我选择绝处逢生。在初二过渡时期，我开始不再逃避，而是主动面对所有的伤痛。成绩默默无闻，我便用十分的努力让自己不断向前，一步一步走向突出的位置；没有养成良好的习惯，我便谨记各项规定并严格遵守，不断改变自己的随性；孤独少友，我便试着敞开心房去接纳他人，用真诚和友好与同学交往；自信缺失，我便用拼搏的汗水将它一点一点找回来。我始终相信"世上无难事，只怕有心人"，险途可使我害怕，但一旦选择面对，便只能奋勇向前。于是从初二开始，我越来越严于律己，成绩稳步上升，越来越多地受到老师的表扬，与越来越多的同学建立起了深厚的友谊，越来越自信自立。原来阳光于我一直都在，只要敢于打开心灵的窗户，即使在最深的黑夜里，光明也会将我们包围。每当回首，我都万分感谢那些曾经黑暗的日子，正是最浓稠的黑暗才酝酿了最灿烂的阳光，正是苦痛磨砺了我的心灵，正是那些沉痛而深刻的反思让我学会了人生的许多道理，慢慢走向成熟，享受快乐。

　　初中三年我不断磨砺自己，为高中做准备，毕竟机会总是眷顾有准备的人。然而，那时的我却未想过自己有朝一日能圆梦北大。高一于我，无疑是意外的。不曾想到自己在高中伊始就崭露头角，遥遥领先于他人。惊喜是有的，但我更感到疑惑不安，因这一切都是那么突然。尽管连续多次的好成绩使我对自己更自信，但我也深知光明与阴影总是并存的道理。于是，我不断审视自己的成绩，将自豪与喜悦压在心底。果不其然，我发现光鲜亮丽的成绩背后有很大的空虚，是经不起长期"革命"的考验的。努力、拼搏、奋斗，我全力弥补着一个个逐渐显现的缺漏，只怕今后来不及。但是学得越深，问题也就发现得越多。我也曾对诸多难题望而却步，也曾因难以弥补的缺漏而失望放弃，幸运的是肩上的压力与责任让我选择调整自己，正视困难。我告诉自己：无法弥补不是选择放弃的理由。

高考之路必然荆棘满途，想想当初是什么支持自己走到这里，就再继续走下去！于是我继续为梦想而风雨兼程，一步一步接近着燕园。同时我亦学着分析问题，着手优化学习方法，毕竟"会学"才是真本领，比蛮力更能使我达到目标。

高三永远不会太平。为前程做最后一搏的冲劲在同学之间形成了强大的压力。做不完的习题，日渐麻木的神经，层出不穷的缺漏，日渐起伏的成绩都考验着我的心态，我的坚忍。那时梦想已成为一种信仰，在那最难熬的日子里成为我的支撑。也许前路会越走越艰难，但是永不要把梦想遗失。我知我正为心中的北大浴火，等待涅槃重生。

高考是一种未知，圆梦是一场有备而来的"遇见"。越临近高考，我就越发感到很多知识点不是肯学会学就能轻松拿高分的。尤其是文科，语文、文综、英语作文在主官阅卷的情形下错阅很可能发生，无人能稳操胜券。我不是没有一朝败考的恐惧与担忧的，但是我劝诫自己：公平本来就是相对的。要相信好运总光临有准备的人，现在自己只能抓住能抓住的，奋力拼搏吧！何况就算失败了，那也只是上天给我的另一次历练，必然孕育着一份等待被发现的成功，那高考的成败又有何妨呢？既然选择了这条路，便只顾风雨兼程吧。最后，尽管我发挥得并不理想，但也并未失误太多，终能圆梦北大，缘定未名博雅。

## 四、趁年华，青春如歌

有人说学习是在浪费青春，我却认为正是学习中的那份奋斗拼搏的热情才彰显了青春本色。

年华是青春的资本。在这样如歌的岁月里要尽情地挥洒汗水，为自己搏一份前程。

快乐是青春的根本。学习的艰深也曾令我痛苦，但是我相信快乐和学习才是一对伴侣。我尝试带着轻松喜悦的好心情去攻克难题，渐渐我感到快乐推动了学习，只要我们有心去发现，学习中亦可其乐无穷。那一份份拼搏而来的优异成绩为青春着色，那学习中尽尝的苦辣酸甜为青春调味，让真正的快乐簇拥了意气风发的我们。但是学习并非青春的所有，只有不断尝试，不断地挑战和丰富自己，才能领略青春的千姿百态。所以高二的我在保证学习不被影响的情况下积极参加校园活动，学生会、团委会、广播站、模拟联合国等等。我用热情与负责的态度去完成每一个任务，服务校园，历练自己，快乐生活，亦积累自信。正是在这些忙碌而满足的日子里，我享受着多层次的青春。

梦想是青春的灵魂。只有在为梦想全力奋斗时，我才发现青春淋漓尽致的美。我认为人要有追求才会有灵气，有志气，有拼劲；要有梦想，才永远抓住了希望。一路走来，我把梦想当做翅膀，让我的青春得以肆意飞翔。

## 五、北大情，愈酿愈浓

相逢北大是在2010年的暑假，我有幸参加北京大学组织的全国优秀中学生夏令营。路途中我便一直忐忑不安，多年梦想之地将要与我相会，那份激动久久难以平息。一入校门我便被错落有致的古典与现代化建筑吸引了目光。这是怎样的力量啊，能将"古今中外"如此巧妙地融合在一起。我怀着震撼的心情，抽出闲暇时间迫不及待地用脚步膜拜过燕园的每一片土地。散步未名湖畔，仰望博雅古塔；在校史馆感慨北大百年的荣辱兴衰，于图书馆羡慕学子们宁静阅读的乐趣。喜欢静园的古朴优雅，喜欢临湖轩的幽深自然；喜欢松园餐厅的可口早餐，喜欢农园的自助简便。北大更让我有幸参加了各系教授的精彩讲座，让我能与北大学子亲密交谈，让我能与来自五湖四海的同龄优秀学子畅谈学习经验和北大梦想。北大以其博大的胸怀、兼容的性格、深厚的底蕴、宁静的氛围深深感染了我，坚定着我，激励我继续为梦想勇往直前！如今，我以即将成为北大人而无比自豪，我一直相信与北大的知遇是命中注定的缘分，我将在燕园的怀抱中不断磨砺自己，敞开心灵，茁壮成长！

## 六、人生路，尚待启程

刚满十八岁的我步入了成年人的行列，而人生的一切准备却始于呱呱坠地之时。小学至高三这十二载光阴于每个人都有重要的意义，而于我则是一场蜕变，一次破茧。学校的宁静简单使我与其他同学一样难以感知社会，但同时在学校的学习使我们具备了面向社会的技能与品格。一直以来，我都注重兼顾学习知识与积累人生，因为成长并不该只是在某一方面。在学校的羽翼下，我们学生难以实践社会，我便抓紧假期把握每一个社会实践的机会；当时未成年的我们难以为社会做大贡献，我便从小事做起，培养点滴的好习惯并在协调学习、生活和各种人际矛盾中累积处世之道；尚未成才的我们还无法为栋为梁，我便奋力拼搏，积累知识，为将来的责任做好准备！

大学是人生的第一扇门。北大将是我梦想高飞的地方，亦是我人生的启程地。十载等待，一度花开，花开只为锦绣人生。今日的我已整装待发，定将把北大人的责任扛在肩上，把人生行在脚下，只顾风雨兼程。

十载等待，一度花开是一种缘分，因这一朝似锦繁花让那冗长的等待变得意义无穷。

书启人生卷，墨存北大缘。人生花开何处？恰逢北大燕园。

学校的宁静简单使我与其他同学一样难以感知社会，但同时在学校的学习使我们具备了面向社会的技能与品格。一直以来，我都注重兼顾学习知识与积累人生，因为成长并不该只是在某一方面。

姓　　名：姚梦碧
录取院系：工学院
毕业中学：四川省绵阳南山中学
获奖情况：2009年全国高中学生化学竞赛（省级赛区）二等奖
　　　　　2009年全国中学生英语能力竞赛高二年级组二等奖
　　　　　2010年四川高中生化学竞赛（预赛）一等奖
　　　　　2010年全国高中学生化学竞赛（省级赛区）一等奖
　　　　　第24届全国高中学生化学竞赛暨冬令营一等奖（金牌）

# 有你的日子

## 第一次相遇

相册里有这样一张照片，一个晒得黝黑的小女孩倚在石狮旁，身后是一扇朱红的门，却是紧闭着的。那是我与你的第一次相遇。照片上甚至都没有那惹人的四个字，只有那扇紧闭的门。那时的我未曾想过，这扇门会在几年后，为我敞开。

## 梦想的力量

梦想是一种很神秘又很强大的力量，它能在黑暗中为你指明前行的方向，能在你跌倒时扶起你走离伤痛。我一直相信梦想，它带着我走到今天，也将带着我走向远方，走向未来。

第一次相遇后，你在我心中只是一个模糊的影像，很神秘。我对你一无所知，只知道你是所有学生都向往的地方，我不知道离你还有多远，只觉得你是高山上的冰雪，美丽而神圣，不可接近。

后来渐渐长大，学到很多也经历很多，有时觉得你近在咫尺，有时又觉得你遥不可及。这种面对你时的自信与自卑相互交织的日子，终于在那个夏天结束，那个让我彻底爱上你的夏天。

当学校把北大夏令营的邀请函发到我手上时，虽然有些兴奋，但更多的是惶恐。我不知道这一次，在众多的佼佼者中，我是否会是被你遗忘的那一个。我不知道自己是否真的足够好，好到能让你投给我一丝目光。很想得到，却又害怕得不到，就是那种许多童话里讲述的，只有对的人才能得到的东西，其他人都无比信任我能够得到并赋予我重任，但我却对自己不确信。

一开始，心里真的没有什么特别的感觉，但是几天之后，连我自己都说不清为什么，我就那么爱上了你，也从此坚定不移地努力向你靠近。我想，让我爱上你的不会是风景如画的校园，也不会是"最高学府"的头衔，就是一种感觉，深深地吸引着我。就像是一个婴儿，自己一片混沌什么都不知道，但总能辨认出母亲的怀抱。说不清为什么，我就认定了你，北大！

回来以后，似乎什么都没有改变，但我的心中已发生翻天覆地的变化。从迷茫到坚定，从无头无序到有条有理，我所做的一切都是为了你。那时，我许下一个心愿，或者说是对自己许下一个承诺，我一定要在未名湖畔点燃我十八岁的生日蜡烛，一定要在燕园中举行我的成人礼。就是这个诺言，一直陪着我坚定地走下去。

有时候，真的觉得自己是温室里养出的花朵，几乎没经历过什么挫折，就这么一路顺风顺水地走到这里。或许如一名技艺精湛的水手，平安地闯过一个又一个浪头，得到别人的称赞与信任，但自己总会担心另一个从未见过的大浪会将一切都深埋海底。我承认，我害怕失败，我害怕自己看似灿烂的过去不能成为足够好的跳板，不能将我送到更高的云端而让我与你失之交臂，落入无底深渊；我害怕我辛辛苦苦地不知疲倦地挖井而最终涌出的不是泉水，而是将我吞没的岩浆；我害怕不能实现自己的梦想，虽然我知道爸爸妈妈不会怪我，但我就是觉得实现不了就对不起他们；我害怕不能来到你身边，虽然我知道老师和同学会一直鼓励我走下去，但我不想自己被你否定。那段时间是我过得最揪心的一段时间，有些事情说出了别人也不一定会理解，在他们眼里拿顺理成章的事情来折磨自己是不可理喻的，但我确实有过这样的经历。有时候我甚至会不时地安慰自己，没关系，就算去不了北大，你也能继续精彩人生。可说得越多心里越是放不下，就是割舍不下那段记忆，就是不愿放弃那个梦想。

我想，长这么大我干过的最轰轰烈烈的事，就是当面前递来一张清华的预录取协议时，我微笑着拒绝。很多人觉得我疯了，清华北大不都一样吗？干嘛放弃这么好的一个机会而不给自己多一个保障呢？那天，我告诉自己，我不会后悔，因为我很清楚自己想要的是什么。我努力了这么久，在离你越来越近的时候，身边的诱惑也会越来越多。老实说，在国内顶尖的大学中，去哪里真的没那么大的差别。但我就是这么的死性不改，就这么认定了你，别的再好，但我心里就是装不下。

再后来，更多的人听说这件事后，走在学校里不时会有人指指点点，弄得我感觉怪怪的，好像所有人都在督促我去完成那个梦想，所有人都要看看我在怎么做。有时甚至会觉得实现不了这个梦想不仅对不起我自己，还会对不起老师、同学，还有那些不知名的却关注着我的人。其实现在想来很傻，那些连自己都不认识的人又何必去在乎，可那时就那么傻傻地在"全校人"的监督下努力着。

最后呢，终于等来了预录取通知，那天晚上从许多家长同学苦苦等待的房间里出来后，我并没有想象中那么激动，反而异常的平静。打电话告诉爸爸妈妈后，在异地的星空下，我忽然觉得失去了什么。我知道，那段时间一直为我悬着心的父母今天终于可以放心安睡，但是对于我而言，梦想实现了，或许也意味着我失去了梦想，至少是暂时失去，因而心里会这样难过。或许这意味着又一次迷失方向。但我相信，很快会有新的梦想腾跃，为我带来新的光明。

果然，我看到阳光……

从那晚起，我或许才懂得那句话的含义。"结果并不重要，重要的是过程。"梦想的意义并不在于实现梦想的那一瞬间，即使那是快乐的但绝不是永远，它所带来的更多的是失去动力的失落。而真正重要的是为了实现梦想而去努力拼搏的过程，在那种不达目的不罢休的"倔脾气"的支持下不断前进，才是最值得珍藏的记忆。几十年后，花白着头发坐在摇椅上，我能想起的绝不是实现梦想那一瞬间的快感，而为了梦想拼搏的点点滴滴，它们会让脸上的皱纹幸福地开成一朵菊花。

## 最爱的他们

转眼就要十八岁了。

十八岁意味着长大成人，或许也意味着要渐渐离开父母，自己独立地生活。这十多年来，他们一直默默地支持着我，没有他们，我不知道现在的自己会是怎样。

我的爸爸妈妈很特别，他们从不会像别的家长一样催着我看书、写作业。倒是每回我抓出一叠试卷时，妈妈一定会说："那么多啊！可不可以不做嘛。我给你们老师打电话，申请不写作业。或者我帮你写？"是的，你没有看错，妈妈总是这样，希望我能少做些作业，多休息，多出去走动走动。妈妈常常被"嘲讽"说"拖女儿的后腿"，这么多年，她一直坚持不懈地给我"泄气"，雷打不动。我想，这就是我们家最特别的地方吧。

小时候，老师让我去上数学补习班。全班同学都去了，我哭着闹着也要跟着去，愣是被爸妈拦下，无论如何，就是不准去。为这事我费了不少心思，软磨硬泡，可爸妈就是软硬不吃。最后，我拿到了一本数学补习班用的书，自己一点一点地看，一题一题地做，最后居然把那本奥数书做完了。回想起来，爸爸妈妈这样扭转了我的学习态度。与其被动地在老师的要求下写，不如自己主动去做。还真是"老谋深算"啊！

爸爸妈妈一直"死心塌地"地坚守着他们的教育观念：快乐学习。他们总说，快乐才是最重要的，快乐地去做，才会有效率。所以每当我抱怨作业很烦时，他们总会要求我立刻停笔。"这样写还不如不写，这样完成的作业毫无意义。休息一会，玩够了再写吧。"一句话堵得我无可奈何，可我又能怎样？停笔不写，玩得也心虚，索性飞快地把作业写完，再痛痛快快地玩。知之者不如好之者，好知者不如乐之者。爸爸妈妈将这种思想深深地印在我心里，这样的想法陪着我走过十二年的学习，甚至在高三那段最艰苦的日子里，我依然带着快乐的心去面对。

另外呢，他们特别重视效率。做什么都要快，当然，建立在保质保量的基础上。说好什么时间出门，绝不会因为要写作业而推迟。所以我从小就养成习惯，写作业时身边一定要有时钟，自己订计划，规定自己30分钟完成，绝不拖延一分钟。一开始没觉得有什么特别的，无非是可以每天准时看动画片，比别的小孩多一点玩的时间。渐渐地，长大后，优势就显现出来了：中学成堆的试卷，我总是能轻松搞定；周末同学埋头苦写时，我守着电视笑个不停；高中考试别人两个半小时又拼又赶也做不完的理综试卷，我写完后还能悠闲地检查半个多小时。这样的例子还能举出很多，全都得益于他们培养我的时间观念和效率意识。

我和妈妈，是无话不谈的好朋友，无论遇到什么，我都会告诉她。她是我的心理按摩师，总是能让我快乐地面对一切。虽然有时少不了与她拌嘴，可过不了多久我们又能谈笑风生。有些话，总觉得不用写也不用说，心心相连自然能感觉到。但是回想起这些年的点点滴滴，我还是想说，亲爱的老爸老妈，谢谢你们给了我不一样的生活，老爸老妈，我爱你们！

## 关于奥赛

奥赛，让我成长了很多。

其实我从小学就参加奥赛了，那时候很喜欢数学，做数学题也是极有趣的一件事。后来上了初中，班主任是数学老师，所以对奥数更是喜欢。或许是老天爷的眷顾，初二时我就误打误撞地拿了一等奖，于是对奥赛更是不离不弃。

后来上了高中，选择了化学竞赛。虽然心中对数学不舍，但我清楚地知道，自己真不是那块料。就这样开启了对我来说极重要的一扇门。

学竞赛，在别人看来有很高的收益，但同时，需要我们付出的也很多。从高一开始上奥赛班以后，每周都要自己找时间把因为奥赛耽搁的课补上，这还不说，每到假期，只能眼睁睁地看着别人回家去自在，自己还要守在学校里上竞赛课。但最令我自豪的一点是，即使要比别的同学多一份功课，我的作业也从未晚交一点。高三全面停课，专心准备竞赛。说得功利一点，大家都是奔着保送去的，这几个月说什么也得拼了。通过了一次又一次考试，最终获得冬令营金牌保送北大，算下来已经正式停课半年了。

接下来，很多人都认为我已经"功德圆满"，可以去休养生息了，但是我没有。从冬令营回来的第二天，我就回到学校，回到班上，和同学们一起准备另一场战役，高考。

回班后，除了祝贺，我听到的更多的是不理解：都保送了还回来干什么？回家去好好休息，开心玩半年就去上大学。但我很坚定，一定要和他们一起拼搏。

首先，保送不等于结束，今后还有很长一段路需要我们去闯荡。

更何况北大，不是随便什么人都能进来。我若如今放手，以后进入大学，落后别人许多，我又如何赶得上？到头来只有自己后悔。与其将这几个月荒废，不如去学习，让自己的生活更加充实。

其次，高考是人生一次极重要的经历。我没有参加中考，我不想再错过高考，我不想给自己的人生留下遗憾。虽然高考不过只是一场考试，但它的被关注度又不得不让我们觉得它非同一般。我回到班上，不仅要参加高考，还要考好。一来增加自信心，二来也算正式迈过北大门槛吧。

最后呢，也是最重要的一点，我要和班里的老师同学一起奋斗。虽然有半年没在班上，但他们一直关心着我，支持着我，给了我很多帮助。而现在到了他们需要帮助的时候，我绝不能袖手旁观。结果并不重要，我更在乎的是和他们一起携手走过的那段"艰苦"岁月，我希望自己能够帮到他们。

一开始，大家有点难以接受。其实我完全理解，当自己前途未卜时身边有一个已经拿到未来入场券的人的那种感受。有时他们会说，你还努力什么，又不用像我们这样。但我只是笑笑，解释的话说多了也没有用，我要用行动证明自己。

接下来我就去买了两本全国最近五年的高考卷，每天除了完成老师布置的试卷，我自己还要另做一套理综一套数学，很多同学觉得不可思议，我从不熬夜，从哪里找出来的时间，甚至还有人对我的这种做法嗤之以鼻。但渐渐地，他们发现我一直在坚持，竟然没有比他们松懈。虽然有时完成不了那么多，但我一直都没停下，两本试卷上的空白越来越少。于是，同桌被我发动了，同寝室的好姐妹也被我发动了，班上越来越多的同学在我的带领下开始加快自己的速度挤出时间来做高考卷。有一天和同桌谈心，她很坦诚地说，我刚回到班上被老师安排做她同桌她很担心，怕我的懈怠影响到她。然而事实证明，我居然比她还要努力，反而起到了促进作用。听到这话，我很是欣慰，这说明我回到班上发挥了自己的作用，我也为下一个目标奋斗：要让我们班在高考中大获全胜！

能够帮到班上的同学我真的很欣慰，而与此同时，我的付出也有了回报。回到班上不久我又回到了原来的位置，变成了全班的领跑人，带领他们继续向前冲。

说了这么多，就是想要表明我的观点：参加竞赛可以，但是常规课一定不能落下。我见过这样的悲剧，学竞赛保送后因为严重偏科而被退学，我永远也不希望这样的事情发生。竞赛的确是高中生的另一条出路，但绝不是有了奥赛就万无一失。首先，参加中学生竞赛存在风险，不是付出了就会有回报，这里面有很多不确定因素。另外，不是保送了就万事大吉，后面还有更长的路等我们去走。所以，要提醒各位学弟学妹，不是人人都适合参加竞赛。要想真正让高中没有遗憾，就一定要处理好两者的关系。要认清自己是否有两手抓两手得的能力。若是没有，我真心奉劝，高考会更重要一些。

### 不是结束，而是开始

高中三年就这样离我而去了。或许我在中学留下过什么所谓的传奇经历，但那也是过眼烟云了，高考不是结束，而是开始。未来，还是一片空白，等待我去描绘最美的色彩！

对于我而言，梦想实现了，或许也意味着我失去了梦想，至少是暂时失去，因而心里会这样难过。或许这意味着又一次迷失方向。但我相信，很快会有新的梦想腾跃，为我带来新的光明。

姓　　名：王天白
录取院系：国际关系学院
毕业学校：哈尔滨市第三中学
获奖情况：市优秀共青团员
　　　　　校三好学生
　　　　　校优秀团干部

# 高三：我来过

我觉得我要写点什么，纪念我的高三，但每每提笔，却又不知道我应该写些什么。也许这些日子里经历的太多：三年的努力，两天的高考，还有一次关于我人生走向的郑重选择。

北大的征文，给了我一个这样的机会，让我好好去回忆，好好去梳理。于是翻开那本日记，字里行间写满了两个字——成长。

如果你问我，我的高三是怎样的？我想说，这就是我最好的心路历程。

和所有人一样，我迷茫过更欢笑过，我懈怠过更努力过，我梦想过更行动过。

高三，我来过。

2010.6.8

"他们光荣地走出考场，我们寂寞地走进高三。"这句话，说得很到位。

在这个蝉鸣都搅不起一丝波澜的下午，考生们写完了他们高中生涯的最后一篇英语作文，然后交卷，离开，高中结束，他们散场。然后，就是我们远航。

这就高三了，真快，快到我根本把握不住时间，只能任它飞逝。

但我会好好地活这一年，好好地。

明年的今天，再看这篇日记，我会以怎样的心情去面对我的过去，我不清楚。我知道的是，从现在起，全力以赴，才没有遗憾。

2010.6.21

一点一点地上升，一步一步地向前。一个凉爽的夏至，从这以后的六个月里，黑夜可能会越来越长，正如我们的生活，可能会面对初入高三的劳苦和困顿，但过了这些日子，我们便可以迎接高考，实现梦想。

从明天起，做一个幸福的人。终究有那么一次，我会面朝大海，看到此季的春暖花开。我没有理由不优秀，所以，我要好好做。

即使心累了，梦想也不会停止飞翔。

未名博雅，塔影湖光。

2010.7.28

晚上在看北大的招生手册，然后就想着，什么是命运，我是否相信命运。两年前，那也许是我的奢望，我断然不会想到今天的我可以离它这么近。一次又一次的偶然划定了我的人生道路，而我沿着它一步一步地走向前方。

今天同桌指给我《世纪金榜》上的一句话：烈火熊炉里熔炼的青春，已跃跃欲试，整装待发。

把这句话写在这里，就让我感到充满力量。

2010.8.11

今天，高考倒计时三百天。

我十七年以来的艰难困苦，十一年以来的早出晚归，都会在那一天得到最好的回馈。两年以来的以至下一年的汗水，都将会被走出考场后那一束叫做幸福的光芒照耀。

突然想到天安门广场上矗立的人民英雄纪念碑。我想说，高考是我们青春的纪念碑，一字一句，我们自己去勾勒。

昨天，和朋友谈"优秀"这个话题的时候说，拥有实力因而会追逐，即使越高端的竞争会越艰苦，走上了这条路，也没有人愿意回头。

总有梦，在远方，我的心在向那里飞翔。

2010.8.29

这次北大夏令营的行程，注定给了我很大的触动。

我不敢说它对我的人生有多大的影响或改变，但这一个星期，让我认识了一个真正的北大。几天的足迹无须再说，我知道，我得到的经历和感悟，比我在教室里做多少道题的收获要多得多。

所以，生活是一个大的课堂。北大本身更是，而且，我很可能在这里修身修心。

自主招生资格，自主招生面试，笔试中很不错的发挥。这一切似乎来得有点早，早到我还没有准备。不过，我坚信，是我的，我就应该得到。

这个夏天就这样谢幕，所有的事情，一去不复。

转过身，我迎接一个新的开始。

2010.8.30

"只有一条道路不能选择，那就是放弃；只有一条道路不能拒绝，那就是成长。"

昨天在去年的北大新生征文集中看到的这句话让我深有感触。而今天，我无论怎么说都回避不了的事实摆在面前——高三。

大课，晚答疑，晚自习。除了这些，也没什么变化。不过，应该变的是我，我的态度和我的心。怎样更好地去迎接所有的挑战，怎样扬起生命的风帆抵达彼岸。

下午一直在拍摄毕业纪念册《同窗故事》，一张张照片一个个人，让我想起早上那首《同桌的你》。

总说毕业遥遥无期，转眼却各奔东西。

一年后，这些人，又会有多少在我身边？我知道，你们一定会在我心里。

2010. 9. 13

月考就这么来了，还有两天，很快。

而这次的我，几乎没有什么准备，就用平日中的积累吧，看看我到底可以做到什么程度。

晚上高一理科班的班主任老师查岗，然后我想起高中已经过去的两年，心里的感觉五味杂陈，有太多的"如果"。

如果我中考之后看看高中的书，如果我开学之后对自己有些信心，如果我做了一本生物的练习册，如果我考过班级前几名的时候能更清醒地认识自己，如果我紧跟着老师的思路学物理，如果我不把那么多的化学竞赛课用来滑冰，如果我没考砸三角向量那一场不难的数学，如果我认真做一本化学的《五年高考三年模拟》。会怎样？

如果我每天背几个英语小词，如果我能把迷茫的时间用来读几本书，如果我不曾在高一的那些史地政课上无所事事，如果我早就做完了那些《龙门专题》和《试题调研》，如果我一直在好好地背教材夯实基础，如果我多那么一点毅力和自制力，如果我没有虚度那么多美好的假期。会怎样？

好吧，我承认这个世界从来就没有"如果"，就像昨天下午我新换的签名：现实让理想沉默，追逐与漂泊，付出与收获。

自己欠下的债，总是要自己还。

如果，都过去了，不要多想，不要多问。但未来，我可以，加油。

2010. 9. 17

今天已经可以让我预感到这次月考应当会是我高中生涯中最失败的一次考试，没有哪科的成绩会让我满意，甚至没有哪科的发挥会让我满意，这才是值得我思索的问题。

不同的人有不同的看法和解释，但我知道我确实做得不够。想到那个词——报应。也许，我还真不能否认。

今天朋友说得对，这是三中，没有人傻，没有人会让你两个月没怎么学习还能考前几名。

所幸，我还来得及，什么都不晚。

2010.10.14

永远不要向什么东西妥协，尤其是当你拥有梦想的时候。

王天白，你要做一个让别人满意也能让自己满意的人，每一天，都应该这样做。

对于我认准的事情全力以赴，就像对于我在乎的事努力达到我的极限一样。这，需要行动。

命运不会亏待一直在努力的人，永远都不会。拿出你的那种劲头来，你不比谁差，但前提是你能向命运证明它应当对你垂青。

2010.11.10

周三，每到这个当口，状态就会不够好。

什么事都在于坚持，每一天的意义就在于，你把它尽可能地做到接近完美。所有的所谓没有支柱没有动力的话全是借口，而你既然渴望走到巅峰，必然要不找任何借口。

明天是这样，每一天都是这样。只有你真正拼过，才知道你的极限是什么。而对我来说，也许那真的很高很远。

2010.11.27

又下雪了，而且这次依然很大。这个冬天的每一场雪都很酣畅淋漓，谁知道下一个冬天我会在哪里呢？不过，我相信未来会很美，只要我一直努力。

有些时候就会觉得，这是一个神奇的世界，许多事情其实在冥冥之中有所安排，学会接受和顺应命运，也许在有些困难面前可以让人更平静更豁达。但是，更多的时候，我相信努力。所有此刻的付出都会有回报，如果还不是现在，那一定就在不远的将来。

晚上，完成了《世纪金榜区域地理》。现在一本一本把练习册做掉的感觉，真的很不错。虽然我清楚我早就应该有这种态度，但现在，干什么都还不晚。

所以，就好好干吧。

2010.12.15

今天，想了很多。

每一次考试都能给人提供一个这样的机会，通过总结找到不足然后获得提升。明白这些，我相信结果会是不错的。

这个月在努力了，但最后的收获却不尽如人意。尤其是被我寄予厚望的文综，现在成了一场败笔。只能说这些是一种提醒，告诉我要更多地付出，告诉我要懂得更加认真踏实。

这些毕竟还都是普通的检测，我要正视。明天做一下缓冲调整，然后，新的开始。

2010.12.27

新的一周，调整了新的学习方法，也许收效还不错。剩下的时间越来越少，我能做的，就是安下心来好好学习。

给自己的十二年一个最好的交代。

然而我真的不知道会怎么样，现在对自己越来越没信心，越来越说不好自己能到一个怎么样的位置。一次又一次的不顺利，虽然说着无所谓，但也许我不能去直接面对。

晚上和朋友聊到现在很快的日子，才真的意识到，流走的，已经太多。

从这些日子起，我宁愿少想事，多学习。

不要为过去的事情懊悔，虽然你本可以做得很好。只是，要为你的未来努力。

2011.1.19

又是一天，这一天的状态已经有所调整了。

当我终于把政治主观命题答得很不错，当我在历史课上把新的史实逐渐变成我的储备，当我晚上把地理笔记写得工工整整，我知道，学习真的是一件能够让人获得快乐的事情。所以对我来说，只要坚持下去就是好的。

每一天,都是一样的,做一个最棒的自己。

大概,北大的自招,一个月之后的那场,还是要用心考的。

给自己一个证明。

2011.2.20

今天,北大的联考。

所有事情似乎都有那么一点不顺:身体突然地不舒服,忘记要带身份证,还有我绝对算不上好的发挥。在这里写这些字的时候,心里突然就有一种失落的感觉。

虽然总会安慰自己你已经有了足够的加分,虽然总会告诉自己这种考试何必在意,但那多少有些,苍白无力。

我也不知道该说什么好,只能勇敢地以为自己做得还不够,然后在别人已经惊叹的目光中扛起曾经的荣耀,一步步,背着如今的压力,前行。

为什么听起来会这么悲壮?

离最后的那一场考试,没几天了。我会到什么程度,真的,我越来越难以下定论,曾经的那种张扬,一次又一次地被打磨。

想到昨天梦到高考后突然惊醒。还好,那还只是个梦。

所以,尝试着去忘却,然后重获新生。

明天,好好努力。以后,都好好努力。

2011.2.27

一百天,说来,这就来了。

早晨起来给大家发祝福短信,然后感觉,高考其实不过是一场仪式,和中考一样。如果你把该做的都做好了,那么你要的东西就摆在那里,等着你去拿。

你要做一个相信奇迹的人,你更要做一个创造奇迹的人。我坚信胜利属于我。

所有我用了半年时间经历的失败,都是为了能让我学会从容地微笑。它们给我的，是勋章。

我用剩下的日子，去写我的成功吧。我要那最后一笔，写得踏踏实实端端正正。

等着吧。

2011.3.5

过十八岁生日，收到了挺多的礼物和祝福。成年，意味着一种承担，一种责任。我有能力对自己的未来负责，我相信。

北大的自招成绩出来了，也许，和我预想的差不多，很一般。晚上因为这些事心情不太好，和朋友说起来时，很受触动。好好学习不一定马上会有结果，所以我们现在只要继续做好该做的事就好，欠你的越多，还你的就越多。

总该有一次展示我绝对实力的时候，我要高考那一次。

好不好？

2011.3.12

下午学校开了誓师大会，真的挺振奋人心的。追梦，这个简单的字眼背后是什么样的青春力量，我想，只有真正努力做的人才清楚。

我的梦想需要我全力以赴地追逐。

看了阿狸的童话，真的很感动。给大人看的故事永远都是为了疗伤，和生活相比童话更美好也更真实。因此，你要快乐地朝前走。

2011.3.18

"用你两个多月的努力去换四年的心情畅快甚至是一辈子的幸福"，班主任老师的这么一句话，给我接下来的备考又增添了多少的使命和意义。

状态依然还好，但你要更能学会控制得住自己，把自己的生活规划得更有条理一点。

好了，请去拼搏，路在脚下。

**2011.5.10**

三模，又结束了。

没有什么感觉，现在再去面对考试，不管怎么样，都可以心平气和地去好好对待。最后的那场高考，我期待也会一样。

估出了一个不错的分数，虽然离我的期待还有差距，但毕竟我在一点点地上升，这样就好。过去了，就过去，你要记得用更好的状态面向未来，你一定可以。

在三模的最后，在草纸上胡乱地涂抹了一些思绪，谁知道那一张纸将去向何方，但我知道我的脚步要迈向何处。

**2011.5.16**

写这篇日记的时候有点感动，刚刚跟朋友说好几天来一直不够状态，他说，都最后了，不管什么状态拼了就好，别留遗憾。

真的，人只能年轻一次，而我的高中学生生活就会在二十多天后一个同样的夜晚终结。

为了对得起你们对我的爱与期待，我卸下刚刚背上的荣耀，继续奋勇地前行，好不好？

我看到前方的光亮，它会照亮我的整个世界。

头一次，写日记，我会写到这么激动。我说不清楚这是为什么。

高三的那一幕幕为什么这么真切地浮现在我眼前：北大夏令营那几道数学题和那张不舒服的床，告诉我我一直在努力、一直在进步的成绩单，见证我复生的一本本练习册、一页页道林纸和一支支晨光笔。

联欢会时跳完舞蹈后如释重负的喜悦，每个课间转瞬即逝却又消散不去的笑声与欢乐，所有朋友给我的鼓励的短信，太多朋友的加油、祝福。

我的辉煌和我的梦想。

单纯地做好一件事，这个时候，也就剩下这些。要做，就做好，真的，不后悔。

这就是高三的真谛，在 6 月的烈阳灼成的熔炉里，冶出我们青春的荣耀和高贵的勋章。

我们，一定会胜利的。

2011.5.30

四模了，最后一次在三中的考试，也是高考前最后一次正式的演练，不管怎么样，好好珍惜。

一直在下雨，你的心也应当静下来，就像今天的那道作文题：《离梦想只有一步》。

真的是这样，所以你坚守住这最后的阵地，所有的梦想就一定可以热烈地绽放。

2011.6.2

就这么结束我的高中生活。四模，用我高三的最高分，给我的模考一个收场。而至于高考，我相信，我会收获我要的结果。

听完了每科老师的考前叮咛，我真的感到一种温暖。最后的一场，汇聚出这么多的力量，我一定会很坚强。

晚上收拾教室，带走了一切我们留下的痕迹，但这里，承载了我们的三年。

你好，高考，我来了。

2011.6.6

终于走到这一天。倒计时，最后一次写了。

今天的心态，出奇地平静。因为一路上该做的都已经尽力，只需要去收获最后，最好的结果。

晚上收到的最后一条短信：我们用最虔诚的态度来面对最后的一份答卷。我们同样相信上天会用最完美的结果，回报我们最辛勤的付出。

一路风里雨里，就这么结束。

我知道，明天我会做得足够好，对得起我三年来，十二年来，十八年来的努力。

我是去创造奇迹的。

我是去展示自我的。

加油。

2011.6.9

在这个初夏的夜里，和我的这本日记道别。

它伴随的是我十八年来最艰苦也最精彩的日子。一路走来，走到今天，字里行间，折射出我的心。

高二，高三，真的，什么都经历过了，才会感到豁然开朗，才会懂得既要听从命运的安排，又要付出努力去向命运证明自己。

人在做，天在看，不要怕，不要悔。你就是这样生活的，你也应当一直这样生活。

因为从现在，人生的新一页正慢慢展开。

未来，还是留给我去书写。

突然想到天安门广场上矗立的人民英雄纪念碑。我想说，高考是我们青春的纪念碑，一字一句，我们自己去勾勒。

## 墙里秋千墙外道

（后记）

  北大的校园是永远的，精神的魅力是永恒的。2011级新生稿件的审稿工作已告一段落了。从刚刚成为"北大人"的高中毕业生群体中征文，并选出部分有代表性的文稿，编辑成书几乎已成为北大传统。这是一件相当有意义的事儿：刚成为北大人的他们离高考最近，是这场搏杀的胜利者，因而最有"发言权"；他们的故事，他们的经验，也是更多正在奋斗的人们渴望知道的。这既是对过来人的一份总结和交代，更是对未来者的叮咛和期许。

  字里行间，他们用文字筑造了一个绚丽斑斓的世界。这里有梦想，关于博雅未名，关于朱门前的石狮子，只那一瞥就钟情于此；这里有拼搏，争分夺秒，挑灯夜读，虽九死其犹未悔；这里有技巧，各门学科，见招拆招，于手起笔落间论剑高考；这里有故事，或黯然神伤，或得意欢畅，尽显英雄意气；这里有思考，像快乐的芦苇，在生活中处处歌唱；这里还有感恩，父母，师者，长者，朋友，同学，深情厚谊，山高水长。这里有道不完的精彩。

  沉浸在他们的世界里，会感到一股力量正在心中发芽、生长。相当一部分的文稿都各具特色，各有千秋。但出于为读者提供更多的信息、更好的借鉴的意图，我们尽量避开了重复的篇目，以求内容的多样化。在此，我们向所有的投稿者表示感谢，没有你们的文稿，就不会有本书的出版。同时，也希望我们提供的文稿能让读者满意，这是我们最大的目标。然而工作量大，力有不逮之处，还请读者见谅。我们欢迎读者朋友提出修改，你们的意见是我们进步的动力。"墙里秋千墙外道。墙外行人，墙里佳人笑。"作为编者的我们，想要做的，就是推倒这堵墙。让燕园之外的读者，也能看到其中的风景，甚至最终走进这座美丽的园子。

高考是人生的一道坎儿。进入燕园，确实是一幕完美的收场。但是，生活并非只有高考，燕园也并非代表着终结，而是新的开始。细细品味这些征文，其间早已不是单纯的高考。在高考之外，有着更广阔的生活，比如社会活动，比如兴趣爱好。如果读者朋友能在这些文稿中，看到"围城"之外的东西，那我们编者就要备感欣慰了。